일본취업과 일본문화 이해를 위한

취업일본어

日本語

김정훈 저

백산출판사

취업일본어

머리말

최근 일본은 경기호조로 완전고용상태에 도달, 일본취업을 위한 국내의 일본어 학습자가 증가하고 있다. 이 책은 이웃나라 일본의 언어나 문화에 관심을 갖고 공부하려는 학생들을 위한 길라잡이이다.

일본은 우리와 가장 인접해 있고 역사적으로 많은 교류를 하고 있으며 가장 왕래가 빈번한 나라인데, 최근의 상황을 보면 고용시장은 최고조이다. 실업률은 지난해 말(2017년) 2.7%를 기록, 1993년 이후 24년 만에 최저의 수치를 보이고 있다.

청년실업률 최악의 상태인 우리의 입장에서 일본취업을 적극적으로 모색하는 것은 당연한 일이 되었다. 21세기 국제화, 정보화의 발달로 국경의 의미가 퇴색하는 분위기와 맞물려 취업을 위해 일본으로 가려는 이들과 관광 등을 통해 일본을 접하고 일본어를 배워 일본에 정착하고자 하는 이들도 늘고 있는 게 현실이다.

무엇보다 일본취업을 준비하거나 일본을 배우고자 하는 학습자가 중요하게 인식해야 하는 부분은, 특히 일본에선 일본어 의사소통이 가능해야 일본 회사 등 각계에서 고용대상이 되며, 중요한 정보전달은 전부 일본인의 언어, 즉 일본어로 밀도 있게 진행된다는 점이다.

본 교재는 일본취업과 일본문화 이해를 위한 초급일본어 습득을 목표로 삼아 일본에서 생활하거나 관광하는 실제상황을 염두에 두고, 현장에서 실제로 구사할 수 있는 생생한 일본어를 실었기에 재미있게 학습하고자 하는 학생들에게 유용할 것이다.

짧은 문장으로 일본인과 소통하는 내용으로 이루어져 있어서 일본어를 처음 대하는 학생이라도 현장 분위기에 익숙해질 수 있다. 문법보다는 대화적 표현을 강조하기 위해 시각적 이미지를 살린 점도 학습자의 의욕을 불러일으키리라 믿는다.

제1부 취업 기초회화편에서는 꼭 필요한 일상생활의 회화체를 제시했으므로 필요한 부분을 확인하면서 학습하기 바란다. 제2부 취업 실전회화편에서는 본문을 이해한 뒤, 이미지화된 문형을 따라 읽다 보면 자연스레 주요 표현을 익히게 될 것이다. 아무쪼록 이 책이 학습자 여러분에게 일본생활과 의사소통을 위한 기초적 체험효과를 불러일으키는 데 일조하기를 바란다.

끝으로 이 교재의 출간을 맡아주신 백산출판사 진욱상 사장님과 편집부 여러분의 노고에 진심으로 감사의 말씀을 드린다.

2018년 여름
김정훈 적음

차 례

제2부 취업 실전회화

입 문

1. 일본어의 문자

현대일본어를 구성하는 문자에는 「ひらがな」(平仮名), 「カタカナ」(片仮名), 그리고 한자 이 세 가지가 있다. 일본어의 문장은 이 세 문자로 이루어져 있는데, 여기에 필요하면 로마자나 아라비아 숫자를 혼용하여 사용하기도 한다.

1) 「ひらがな」(平仮名)

┃ 히라가나(ひらがな)의 자원 ┃

あ (安)	い (以)	う (宇)	え (衣)	お (於)
か (加)	き (幾)	く (久)	け (計)	こ (己)
さ (左)	し (之)	す (寸)	せ (世)	そ (曾)
た (太)	ち (知)	つ (川)	て (天)	と (止)
な (奈)	に (仁)	ぬ (奴)	ね (祢)	の (乃)
は (波)	ひ (比)	ふ (不)	へ (部)	ほ (保)
ま (末)	み (美)	む (武)	め (女)	も (毛)
や (也)		ゆ (由)		よ (与)
ら (良)	り (利)	る (留)	れ (礼)	ろ (呂)
わ (和)	[ゐ] (為)		[ゑ] (恵)	を (遠)
ん (无)				

히라가나(ひらがな)의 50음도

행 \ 단	1단 あ(아)단	2단 い(이)단	3단 う(우)단	4단 え(에)단	5단 お(오)단
あ (아)행	あ a	い i	う u	え e	お o
か (카)행	か ka	き ki	く ku	け ke	こ ko
さ (사)행	さ sa	し shi	す su	せ se	そ so
た (타)행	た ta	ち thi	つ thu	て te	と to
な (나)행	な na	に ni	ぬ nu	ね ne	の no
は (하)행	は ha	ひ hi	ふ hu	へ he	ほ ho
ま (마)행	ま ma	み mi	む mu	め me	も mo
や (야)행	や ya		ゆ yu		よ yo
ら (라)행	ら ra	り ri	る ru	れ re	ろ ro
わ (와)행	わ wa				を o
ん n	ん n				

2) 「カタカナ」(片仮名)

▎ 가타카나(カタカナ)의 자원 ▎

ア (阿)	イ (伊)	ウ (宇)	エ (江)	オ (於)
カ (加)	キ (幾)	ク (久)	ケ (介)	コ (己)
サ (散)	シ (之)	ス (須)	セ (世)	ソ (曾)
タ (多)	チ (千)	ツ (川)	テ (天)	ト (止)
ナ (奈)	ニ (仁)	ヌ (奴)	ネ (祢)	ノ (乃)
ハ (八)	ヒ (比)	フ (不)	ヘ (部)	ホ (保)
マ (末)	ミ (三)	ム (牟)	メ (女)	モ (毛)
ヤ (也)		ユ (由)		ヨ (与)
ラ (良)	リ (利)	ル (流)	レ (礼)	ロ (呂)
ワ (和)	ヰ (井)		ヱ (恵)	ヲ (乎)
ン (爾)				

가타카나(カタカナ)의 50음도

단 행	1단 ア(아)단	2단 イ(이)단	3단 ウ(우)단	4단 エ(에)단	5단 オ(오)단
ア (아)행	ア a	イ i	ウ u	エ e	オ o
カ (카)행	カ ka	キ ki	ク ku	ケ ke	コ ko
サ (사)행	サ sa	シ shi	ス su	セ se	ソ so
タ (타)행	タ ta	チ thi	ツ thu	テ te	ト to
ナ (나)행	ナ na	ニ ni	ヌ nu	ネ ne	ノ no
ハ (하)행	ハ ha	ヒ hi	フ hu	ヘ he	ホ ho
マ (마)행	マ ma	ミ mi	ム mu	メ me	モ mo
ヤ (야)행	ヤ ya		ユ yu		ヨ yo
ラ (라)행	ラ ra	リ ri	ル ru	レ re	ロ ro
ワ (와)행	ワ wa				ヲ o
ン n	ン n				

3) 漢字

㉠ 音読み
　　(おんよ)

　한자를 소리나는 대로 일본식 발음으로 읽는다.

| 先生 (sen se-) (せんせい) | 学生 (gaku se-) (がくせい) |
| 韓国 (kaŋ koku) (かんこく) | 日本 (ni hon) (にほん) |

㉡ 訓読み
　　(くんよ)

　한자의 뜻을 새겨 일본 고유어로 읽는다.

| 鳥 (tori) (とり) | 東 (higasi) (ひがし) |
| 右 (migi) (みぎ) | 雨 (ame) (あめ) |

㉢ 重箱読み
　　(じゅうばこよ)

　앞 자를 음독으로, 뒷 자를 훈독으로 읽는다.

| 毎朝 (mai asa) (まいあさ) | 工場 (kou ba) (こうば) |
| 応接間 (ousetsu ma) (おうせつま) | 本屋 (hoŋ ya) (ほんや) |

㉣ 湯桶読み
　　(ゆとうよ)

　앞 자를 훈독하고, 뒷 자를 음독으로 읽는다.

| 身分 (mi bun) (みぶん) | 薬代 (kusuli dai) (くすりだい) |
| 野宿 (no juk) (のじゅく) | 家賃 (ya chin) (やちん) |

㉤ 国字
　　(こくじ)

　중국의 한자가 아니라 일본에서 독자적으로 만들어진 한자로써 대부분이 훈독으로 읽혀지고 있다.

| 働く (hataraku) (はたら) | 凪 (nagi) (なぎ) |

제 1 부

취업 기초회화

基礎 기초
_{きそ}

취업
일본어

あいさつ 인사

おはようございます。 안녕하세요. (아침)

こんにちは。 안녕하세요. (낮)

こんばんは。 안녕하세요. (저녁)

お元気ですか。 건강하세요?
_{げんき}

お会いできてうれしいです。 만나서 반가워요.
_あ

おやすみなさい。 안녕히 주무세요.

さよなら。 안녕히 가세요.

じゃ、また。 그럼 또 (봐요).

またお会いしましょう。 또 만나요.
_あ

またお目にかかります。 또 뵙겠습니다.
_め

返事の言葉 대답

はい。 네.

いいえ。 아니요.

わかりました。 알겠습니다.

なるほど。 아하 그렇군요.

はい、お願いします。 네 부탁합니다.

いいえ、結構です。 아니요, 됐어요.

はい、そうです。 네, 그렇습니다.

いいえ、違います。 아니요, 아닙니다.

あ、そうですか。 아, 그렇습니까?

もちろんです。 물론입니다.

自己紹介 자기소개
(じこしょうかい)

はじめまして。 처음 뵙겠습니다.

私は○○です。 저는 ○○입니다.
(わたし)

どうぞよろしく。 잘 부탁드립니다.

日本から来ました。 일본에서 왔습니다.
(にほん)(き)

学生です。先生です。 학생입니다. 선생님입니다.
(がくせい)(せんせい)

団体で来ました。 단체로 왔습니다.
(だんたい)(き)

一人できました。 혼자 왔습니다.
(ひとり)

家族ときました。 가족과 함께 왔습니다.
(かぞく)

お仕事で来ました。 비즈니스로 왔습니다.
(しごと)

韓国は今回初めてです。 한국은 이번이 처음입니다.
(かんこく)(こんかい)(はじ)

2回目です。 두 번째입니다.
(にかいめ)

私の家内と子供です。 제 아내와 아이입니다.
(かない)(こども)

呼び掛ける 사람을 부를 때

すみません。 여보세요/저기요.

失礼します。 실례합니다.

〜さん。 〜씨.

ごめんください。 아무도 안계셔요?

もう一度おっしゃってください。 한 번 더 말씀해주세요.

もう少しゆっくり話してください。 조금 천천히 말씀해주세요.

どういう意味ですか。 무슨 뜻이죠?

すみませんが、よくわかりません。 죄송하지만, 잘 모르겠습니다.

えっ？ 네?

はい？ 뭐라구요?

感謝の表現 감사표현

どうも。 고맙습니다.

ありがとうございます。 감사합니다.

いろいろとありがとうございます。 여러 가지로 감사합니다.

お疲れ様でした。 수고하셨습니다.

ごちそうさまでした。 잘 먹었습니다.

ほんとうにありがとうございました。 정말 고마웠습니다.

ご親切に感謝します。 친절에 감사드립니다.

先日はどうも。 지난번에는 감사했습니다.

どういたしまして。 천만에요!

すみません 죄송합니다

失礼<ruby>しつれい</ruby>ですが、、、、。 실례지만…….

すみません。 미안합니다.

ごめんなさい。申<ruby>もう</ruby>し訳<ruby>わけ</ruby>ありません。 죄송합니다. (드릴 말씀 없습니다.)

お待<ruby>ま</ruby>たせしました。 기다리게 해서 죄송합니다.

大丈夫<ruby>だいじょうぶ</ruby>です。 괜찮아요.

気<ruby>き</ruby>にしないでください。 신경 쓰지 말아요.

ご心配<ruby>しんぱい</ruby>なく。 걱정 말아요.

ご安心<ruby>あんしん</ruby>ください。 안심하세요.

～てもいいですか ～해도 될까요?

入<ruby>はい</ruby>ってもいいですか。 들어가도 될까요?

ここに座<ruby>すわ</ruby>ってもいいですか。 여기에 앉아도 될까요?

写真<ruby>しゃしん</ruby>を取<ruby>と</ruby>ってもいいですか。 사진을 찍어도 될까요?

電話<ruby>でんわ</ruby>を使<ruby>つか</ruby>ってもいいですか。 전화를 써도 될까요?

たばこをすってもいいですか。 담배를 피워도 됩니까?

ちょっと、失礼<ruby>しつれい</ruby>します。 잠깐 실례하겠습니다.

ちょっと待<ruby>ま</ruby>ってください。 잠깐 기다려주세요.

はい、どうぞ。 네 그러세요.

ええ、いいですよ。 네 좋아요.

それはちょっと、、、。 그건 좀……

SOS 긴급 상황

助けてください！ 도와주세요!(살려주세요!)

やめて！ 그만둬!

泥棒だ！ 도둑이야!

警察を呼んでください！ 경찰을 불러주세요!

火災だ！ 불이야!

開けて！ 열어줘!

救急車を呼んでください！ 구급차를 불러주세요!

私のカバンが見つかりません。 내 가방이 안보여요!

財布がなくなりました。 내 지갑이 없어졌어요!

怪我をしました。 다쳤어요!

空港、入国 공항, 입국
^{くうこう} ^{にゅうこく}

機内で 기내에서
^{き ない}

私の席はどこですか。 제자리는 어디입니까?
^{せき}

ちょっと通してください。 지나가겠습니다.
^{とお}

ここは私の席だと思います。 여기는 제 자리인 것 같습니다.
^{おも}

私の座席番号は ○○です。 제 좌석 번호는 ○○입니다.
^{ざ せきばんごう}

ここに荷物をおいてもいいですか。 여기에 짐을 놓아도 됩니까?
^{に もつ}

すみませんが、荷物を上に入れてもらえませんか。
^{うえ} ^い

죄송하지만, 짐을 위에 넣어주시겠습니까.?

使い方を教えてください。 사용법을 알려주세요.
^{つか} ^{かた} ^{おし}

シートベルトをお絞めください。 안전벨트를 매주세요.
^し

シートを倒してもいいですか。 의자를 뒤로 젖혀도 됩니까?

すみませんが、席をかわっていただけませんか。

죄송합니다만, 저랑 자리 좀 바꿔주시겠습니까?

トイレットは今、空いていますか。 화장실은 지금 비어 있습니까?

毛布をください。 담요를 주세요.

トイレットはどこですか。 화장실은 어디입니까?

日本の新聞はありますか。 일본 신문은 있습니까?

機内食 기내음식

お飲み物は何がありますか。 다른 음료는 무엇이 있습니까?

暖かいお飲み物は何がありますか。 따뜻한 음료는 무엇이 있습니까?

冷たいお飲み物は何がありますか。 찬 음료는 무엇이 있습니까?

コーヒをください。 커피를 주세요.

お茶をください。 녹차를 주세요.

ビールをください。 맥주를 주세요.

もう一杯お代わりをいただけませんか。 한잔 더 주시겠습니까?

いいえ、結構です。 아니요, 괜찮습니다.

クリームと砂糖をください。 크림과 설탕을 주세요.

食事は終わりました。 식사는 끝났습니다.

お酒はありますか。 술 있습니까?

機内で病気 기내에서 아플 때

気分が悪いです。 속이 안 좋아요.

頭がいたいです。 머리가 아파요.

熱があります。 열이 있습니다.

吐き気がします。 토할 것 같아요.

飛行機よいのようです。 비행기 멀미인 것 같아요.

水を一杯ください。 물 한잔 주세요.

寒気がします。 오한기가 있습니다.

もう気分がよくなりました。 이제 기분이 좀 나아졌습니다.

頭痛薬をください。 두통약을 주세요.

胃薬をください。 위장약을 주세요.

機内での販売とカード 기내에서의 판매와 카드

クレジットカードは使えますか。 신용카드를 사용할 수 있나요?

これはいくらですか。 이것은 얼마입니까?

免税品は買えますか。 면세품을 살 수 있습니까?

たばこはありますか。 담배는 있습니까?

円で払います。 엔으로 계산하겠습니다.

入国カードをください。 입국 카드를 주세요.

ペンを貸してください。 볼펜 좀 빌려주세요.

カードの記入はこれでいいですか。 카드 기입법이 맞습니까?

入国審査 にゅうこくしんさ 입국심사

入国審査にゅうこくしんさはとこですか。 입국심사는 어디입니까?

旅行りょこうの目的もくてきはなんでしょうか。 여행목적은 무엇입니까?

観光かんこうです。 관광입니다.

買かい物ものです。 쇼핑입니다.

○○ホテルです。 ○○호텔입니다.

3日間みっかかんです。 삼일간입니다.

1週間いっしゅうかんの滞在たいざいの予定よていです。 일주일간 체재할 예정입니다.

一人ひとりです。 혼자입니다.

家族かぞくと一緒いっしょです。 가족과 함께입니다.

お友ともだちと一緒いっしょです。 친구와 함께입니다.

パスポートを見みせてください。 여권을 보여주세요.

税関で 세관에서

申告するものはありません。 신고할 물건은 없습니다.

はい、あります。 네, 있습니다.

いいえ、ないです。 아니요, 없습니다.

荷物を見せてください。 짐을 보여주세요.

お友達へのプレゼントです。 친구에게 줄 선물입니다.

パスポートと申告書を見せてください。 여권과 신고서를 보여주세요.

荷物 짐

荷物はどこで受取れますか。 짐은 어디에서 찾을 수 있나요?

荷物がまだ出て来ないです。 짐이 아직 안 나옵니다.

私のものではありません。 제 것이 아닙니다.

荷物が見つかったらご連絡ください。 짐을 찾으면 연락 주십시오.

ガバンは壊れています。 가방이 망가져 있습니다.

預かり書を無くしました。 수하물 보관증을 잃어버렸습니다.

空港で 공항에서

観光案内所はどこですか。 관광안내소는 어디입니까?

このホテルはどう行きますか。 이 호텔은 어떻게 갑니까?

タクシ乗り場はどこですか。 택시 타는 곳은 어디입니까?

両替はどこで出来ますか。 환전은 어디에서 합니까?

ミョンドン行きのバスはどこで乗りますか。

명동 가는 버스는 어디에서 탑니까?

公衆電話はどこにありますか。 공중전화는 어디에 있습니까?

エレベーターはどこにありますか。 엘리베이터는 어디에 있습니까?

両替 _{환전}

銀行はどこにありますか。 은행은 어디에 있습니까?

両替はどこでできますか。 환전은 어디에서 할 수 있습니까?

円をウォンに変えたいです。 엔을 원으로 바꾸고 싶습니다.

トラベラーズチェックを現金にしてください。

여행자 수표를 현금으로 바꿔주세요.

手数料はいくらですか。 수수료는 얼마입니까?

為替レートはいくらですか。 환율은 얼마입니까?

飛行機乗り換え 비행기 환승

KALの乗り継ぎカウンターはどこですか。 KAL의 환승 카운터는 어디입니까?

何番ゲートに行けばいいんですか。 몇 번 게이트로 가면 됩니까?

搭乗開始は何時からですか。 탑승개시는 몇 시 부터입니까?

待合室はどこですか。 대합실은 어디에 있습니까?

他の便を利用したいです。 다른 편을 이용하고 싶은데요.

パート 3 乗り物 탈 것

취업
일본어

バス 버스

空港行きのバス乗り場はどこですか。 공항행 버스 정류장은 어디입니까?

切符売り場はどこですか。 승차권 파는 곳은 어디입니까?

往復料金はいくらですか。 왕복요금은 얼마입니까?

～へ行きますか。 ~로 갑니까?

着いたら言ってください。 도착하면 말해주세요

どこで乗り換えたらいいですか。 어디에서 갈아탑니까?

～に行きたいです。 ~에 가고 싶습니다.

往復ですか。 왕복입니까?

最後のバスは何時ですか。 마지막 버스는 몇 시입니까?

地下鉄 지하철

地下鉄路線表をください。 지하철 노선표를 주세요.

ミョンドンまで2枚ください。 명동까지 2장 주세요.

ミョンドンに行くにはどこで乗ればいいですか。

명동으로 가려면 어디에서 타면 됩니까?

どの駅で降りればいいんですか。 어느 역에서 내려야 합니까?

イテウォンで止まりますか。 이태원에서 섭니까?

どこで乗り換えますか。 어디에서 환승합니까?

ソウル駅は何番出口から出ますか。 서울역은 몇 번 출구로 나갑니까?

長距離列車 장거리 열차

切符売り場はどこですか。 승차권 파는 곳은 어디입니까?

時刻表を見せてください。 시간표 좀 보여주세요.

片道切符を1枚ください。 편도 표 한 장 주세요.

往復切符を2枚ください。 왕복 두 장 주세요.

プサンまではどのぐらいかかりますか。 부산까지는 어느 정도 걸립니까?

この列車は急行ですか、普通ですか。 이 열차는 급행입니까, 보통입니까?

ムアンでは止まりますか。 무안에서 섭니까?

タクシ 택시

タクシーを呼んでください。 택시를 불러주세요.

タクシー乗り場はどこですか。 택시 정류장은 어디입니까?

ロッテホテルまでお願いします。 롯데호텔까지 부탁합니다.

インサドンまでお願いします。 인사동까지 부탁합니다.

3時まで行きたいです。 3시까지 가고 싶어요.

空港まではどのぐらいかかりますか。 공항까지는 얼마나 걸립니까?

空港までいくらですか。 공항까지는 얼마입니까?

インチョン空港までお願いします。 인천공항까지 부탁합니다.

パート **4** ホテル 호텔

취업
일본어

ホテル予約 호텔예약

空いている部屋はありますか。 빈 방은 있습니까?

シングルルームは1泊いくらですか。 싱글은 하루에 얼마입니까?

シングルルームをお願いします。 싱글 룸을 부탁합니다.

もう一泊したいんですが。 일박 더 하고 싶은데요.

電話番号は○○です。 전화번호는 ○○입니다.

3時頃着きます。 3시쯤 도착합니다.

朝食付きですか。 조식 포함입니까?

もっと安い部屋はありませんか。 더 싼 방은 없습니까?

予約をキャンセルしたいです。 예약을 취소하고 싶습니다.

追加料金はいくらですか。 추가 요금은 얼마입니까?

チェックイン 체크인

チェックインをお願いします。 체크인 부탁합니다.

予約した○○です。 예약한 ○○입니다.

チェックインは何時からですか。 체크인은 몇 시부터 합니까?

貴重品を預かってください。 귀중품을 맡아주세요.

朝食は何時からですか。 조식은 몇 시 부터입니까?

チェックアウトは何時までですか。 체크아웃은 몇 시까지입니까?

お部屋を変えていただけませんか。 방을 바꾸고 싶은데요.

メッセージ確認 메시지 확인

私にメッセージは来ていますか。 저에게 온 메시지는 있습니까?

何か連絡は来ていませんか。 연락 온 것이 있습니까?

ファックスは受け取れますか? 팩스를 받을 수 있습니까?

ファックス番号を教えてください。 팩스번호를 알려주세요.

ここの電話番号を教えてください。 이곳 전화번호를 알려주세요.

○さんが来たら渡してください。 ○씨가 오면 전해주세요.

私が3時に来ると伝えてください。 제가 3시에 온다고 전해주세요.

ホテルのルームで 호텔 룸에서

タオルをください。 타월을 주세요.

お掃除お願いします。 청소를 해주십시오.

お湯が出ません。 뜨거운 물이 안 나와요.

シャンプとリンスを持って来てください。 샴푸, 린스를 가져다주세요.

お部屋が寒いです。 방이 추워요.

お部屋が暑いです。 방이 더워요.

クーラが効きません。 에어컨이 안 되네요.

暖房が効かないです。 난방이 안 되네요.

ルームサービス 룸서비스

クリーニングサービスはありますか。 드라이 크리닝 서비스는 가능합니까?

いつ出来上がりますか。 언제 됩니까?

明日の朝までにお願いします。 내일 아침까지 부탁드립니다.

洗濯物が届いていません。 세탁물이 도착 안했습니다.

コレクトコールが出来ますか。 콜렉트 콜이 가능합니까?

部屋代に付けてください。 숙박료에 달아주세요.

お水を持って来てください。 물을 가져다주세요.

国際電話はできますか。 국제전화는 가능합니까?

フロントで 프론트에서

この辺にコンビニはありますか。 이 근처에 편의점은 있습니까?

どう行けばいいんですか。 어떻게 가면 됩니까?

どのぐらいかかりますか。 어느 정도 걸립니까?

ここから免税店までシャトルバスはありますか。

여기에서 면세점까지 셔틀버스가 있습니까?

地図を書いてください。 지도를 그려주세요.

部屋のカードを無くしました。 방 카드를 잃어버렸습니다.

忘れ物があります。 물건을 잃어버렸습니다.

見つかったら連絡ください。 찾으시면 연락을 주십시오.

チェックアウト 체크아웃

チェックアウトをしたいのですが。 체크아웃을 하고 싶습니다만.

お支払いはカードでします。 지불은 카드로 하겠습니다.

お支払は円でもいいですか。 지불을 엔으로 해도 됩니까?

5時まで荷物を預けてもいいですか。 5시까지 짐을 맡겨도 됩니까?

計算書を見せてください。 계산서를 보여주세요.

レシートを貰えますか。 영수증을 주세요.

計算書が間違っているようです。 계산서가 틀린 것 같습니다.

問題ないようです。 맞는 것 같습니다.

필수 단어체크

ホテル 호텔	ルームサービス 룸 서비스
チェックイン 체크 인	チェックアウト 체크 아웃
キャンセル 취소	予約 예약
サービス料金 서비스 요금	勘定書 계산서
満室 만실	モーニングコール 모닝콜
ルームナンバー 방번호	部屋鍵 방열쇠
部屋 방	鍵 열쇠
前金 선금	部屋代 숙박료
シングルルーム 싱글 룸	ツインルーム 투인 룸
ダブルルーム 더블 룸	フロント 프론트
洗濯サービス 세탁 서비스	案内員 안내원
ポーター 포터	支配人 지배인
使い方 사용법	1泊2日 1박2일
2泊3日 2박3일	号室 호실

パート 5

食事 식사

취업
일본어

レストラン探し 식당 찾기

日本料理屋さんはどこですか。 일본 식당은 어디입니까?

おすすめのレストランはありますか。 추천할 식당이 있습니까?

韓国料理屋さんはどこですか。 한국 식당은 어디입니까?

カルビが食べたいんですが。 갈비를 먹고 싶은데요.

朝食が出来る所はどこですか。 아침식사를 할 수 있는 곳은 어디입니까?

このレストランは高いですか。 그 레스토랑은 비쌉니까?

行き方を教えてください。 가는 방법을 알려주세요.

食堂で 식당에서

今、食事出来ますか。 지금 식사됩니까?

3人です。 3명입니다.

どれぐらい待ちますか。 얼마나 기다려야 합니까?

おしぼりをおねがいします。 물수건 좀 주세요.

このメニューはいくらですか。 이 메뉴는 얼마입니까?

禁煙席でおねがいします。 금연석으로 주세요.

喫煙席でお願いします。 흡연석으로 주세요.

禁煙席はありますか。 금연석은 있습니까?

ハンガンが見えるところにお願いします。

한강이 보이는 곳으로 부탁드립니다.

注文 주문하기

これをください。 이걸로 주세요.

メニューを見せてください。 메뉴를 보여주세요.

韓国語のメニューはありますか。 한국어로 된 메뉴는 있습니까?

少し控え目の辛さで出来ますか。 조금 덜 맵게 할 수 있습니까?

これは辛いですか。 이것은 맵습니까?

おすすめはなんでしょうか。 추천 메뉴는 무엇입니까?

あれと同じものをください。 저것과 같은 걸로 주십시오.

注文を変えてもいいですか。 주문을 바꿔도 됩니까?

お水を一杯ください。 물 한잔 주세요.

食事中に 식사 중에

お皿をもう一枚いただけませんか。 접시를 하나 주세요.

これは注文していませんが。 이건 주문하지 않았는데요.

食べ方を教えてください。 어떻게 먹는지 알려주세요.

料理がまだです。 음식이 아직 안 나왔는데요.

キムチをもっとください。 김치를 좀 더 주세요.

これを下げてください。 이것은 치워주세요.

おいしいです。 맛있네요.

お持ち帰りできますか。 가져갈 수 있습니까?

残り物を持って帰れますか。 남은 건 가져가도 됩니까?

袋を一つください。 봉투를 하나 주세요.

お支払 지불하기

お勘定をお願いします。 계산해 주세요.

レシートをください。 영수증을 주세요.

カードは使えますか。 카드를 사용할 수 있습니까?

別々に払いたいんですが。 따로따로 계산해주세요.

ごちそうさまでした。 잘 먹었습니다.

計算が合っていないようですが。 계산이 맞지 않은 것 같은데요.

飲(の)み物(もの)屋(や) 술집에서

ビールを1本(いっぽん)ください。 맥주 한 병 주세요.

焼酒(しょうちゅう)をください。 소주를 주세요.

おすすめのおつまみをください。 추천 안주를 주세요.

ワインはありますか。 와인 있습니까?

辛(から)いおつまみですか。 매운 안주입니까?

お水(みず)をください。 물을 주세요.

カップを一つください。 컵을 1개 주세요.

氷(こおり)をもっとください。 얼음을 더 주시겠어요.

ファーストプード店で 페스트푸드 가게에서

ハンバーガーAセット ひとつ ください。 햄버거 A세트를 하나 주세요.

お持ち帰りです。 가지고 가겠습니다.

飲み物は付いていますか。 음료수는 세트입니까?

ここで食べます。 여기서 먹겠습니다.

これをセットでください。 이것을 세트로 주세요.

これを単品でください。 이것을 하나만 주세요.

席は空いていますか。 자리는 비어 있습니까?

ミルクとシュガーをください。 크림과 설탕을 주세요.

🔷 필수 단어체크

韓国料理 한국요리

日本料理 일본요리

フランス料理 프랑스요리

牛肉 쇠고기

豚肉 돼지고기

鶏肉 닭고기

海産物 해산물

果物 과일

コーヒー 커피

卵 달걀

小麦粉 밀가루

アレルギー 알러지

麺類 면류

ラーメン 라면

イーンスタント 인스턴트

食堂 식당

食事 식사

牛乳 우유

お刺身 회

おしぼり 물수건

醤油 간장

味噌 된장

こしょう 후추

とうからし 고추가루

砂糖 설탕

塩 소금

コーヒーミルク 크림

甘い 달다

辛い 맵다

苦い 쓰다

うすい 싱겁다

塩辛い 짜다

美味しい 맛있다

まずい 맛없다

焼き肉屋 갈비집

刺身屋 횟집

ミカン 귤

りんご 사과

ぶどう 포도

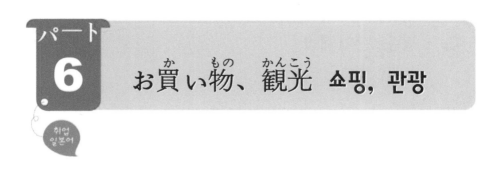

お買い物場所探し 쇼핑장소 찾기

この辺に免税店はありますか。 이 근처에 면세점이 있습니까?

近くに百貨店はありますか。 이 근처에 백화점이 있습니까?

東大門市場に行きたいですが。 동대문 시장에 가고 싶은데요.

営業時間は何時までですか。 몇 시까지 영업합니까?

女性服売り場は何階ですか。 여성복 가게는 몇 층입니까?

どう行けばいいですか。 어떻게 가면 됩니까?

売り場で 매장에서

セールはいつまでですか。 세일은 언제까지입니까?

他のデザイン（サイズ）はありますか。 다른 디자인(사이즈)는 있습니까?

違う色はありますか。 다른 색깔은 있습니까?

もうすこし小さいのはありますか。 더 작은 것은 있습니까?

もっと大きいのを見せてください。 더 큰 것을 보여주세요.

おいくらですか。 얼마입니까?

まけてもらえますか。 깎아주세요.

もっと安いのはありますか。 더 싼 것은 있습니까?

これ、返品出来ますか。 이것 반품할 수 있어요?

他のサイズに交換できますか。 다른 사이즈로 교환할 수 있습니까?

払い戻しおねがいします。 환불 부탁합니다.

試着出来ますか。 입어볼 수 있습니까?

さっき買ったばかりです。 좀 전에 막 산 것입니다.

アフターサービスはやってもらえますか。 AS를 받을 수 있습니까?

これは本物ですか。 이것은 진짜입니까?

日本でも使えますか。 일본에서도 사용 가능합니까?

おすすめはありますか。 추천할 만한 것이 있습니까?

スーパ(コンビニ)で 슈퍼(편의점)에서

いくらですか。 얼마입니까?

おにぎりはありますか。 주먹밥(오니기리) 있습니까?

カップラーメンのお湯^ゆをいただけますか。 컵라면 뜨거운 물을 주세요..

これを一つください。 이것을 하나 주세요.

他^{ほか}のをください。 다른 것을 주세요.

ここで食^たべれますか。 여기에서 먹을 수 있습니까?

カートの使用法^{しようほう}を教^{おし}えてください。 카트 사용법을 가르쳐주세요.

袋^{ふくろ}を一枚^{いちまい}いただけますか。 봉투를 한 장 주세요.

勘定 계산하기

全部でいくらですか。 모두 합해서 얼마입니까?

さっき払いました。 방금 전에 계산했습니다.

カードでお願いします。 카드로 계산해주세요.

円で払ってもいいですか。 엔으로 계산해도 됩니까?

もうひとつください。 하나 더 주세요.

レシートをください。 영수증 주세요.

別々に入れてください。 따로 넣어주세요.

🔷 필수 단어체크

古い 낡다

新しい 새롭다

かわいい 귀엽다

軽い 가볍다

強い 강하다

黒い 까맣다

白い 하얗다

黄色い 노랗다

赤い 빨갛다

青い 파랗다

色 색

値段が高い 가격이 비싸다

高さが高い 높이가 높다

安い 싸다

汚い 더럽다

きれい 깨끗하다

低い 낮다

明るい 밝다

暗い 어둡다

ない 없다

パート
7
観光 **관광**
^{かんこう}

취업
일본어

市内観光 시내관광
^{しないかんこう}

観光案内所はどこにありますか。 관광안내소는 어디입니까?
^{かんこうあんないじょ}

地図をください。 지도를 주세요.
^{ちず}

駅はどこですか。 역은 어디입니까?
^{えき}

ここはどこですか。 여기는 어디입니까?

観光のおすすめの所はどこですか。 추천할 만한 관광지는 어디입니까?
^{かんこう} ^{ところ}

市内観光バスはありますか。 시내관광 버스는 있습니까?

インサドンに行くにはどうすればいいですか。 인사동에 어떻게 갑니까?
^い

観光地で 관광지에서
かんこうち

入場料はおいくらですか。 입장료는 얼마입니까?
にゅうじょうりょう

何時まで開いていますか。 몇 시까지 열려 있습니까?
なんじ　　　　あ

日本語のパンフレットはありますか。 일본어 팜플릿은 있습니까?
にほんご

写真を撮ってもいいですか。 사진을 찍어도 됩니까?
しゃしん　　と

写真を撮っていただけませんか。 사진을 찍어주세요.

ここを押すだけです。 여기만 눌러주세요.
　　　　お

もう一度お願いします。 한 번 더 부탁합니다.
　　いちど　ねが

一緒に撮りましょうか。 같이 찍으실래요?
いっしょ

道お尋ね 길 묻기

駅へ行く道を教えてください。 역으로 가는 길을 가르쳐주세요.

何か目印はありますか? 뭔가 표시는 있습니까?

歩いて行けますか。 걸어서 갈 수 있나요?

ここは何という通りですか。 이 거리의 이름은 무엇입니까?

道を迷ってしまいました。 길을 잃어버렸습니다.

イテウォンは何番出口ですか。 이태원은 몇 번 출구입니까?

観光ツアー 투어 관광

観光ツアーに参加したいんですが。 관광투어에 참가하고 싶은데요.

どんなツアーがありますか。 어떤 투어가 있습니까?

ソウル市内を回るコースはありますか。 서울 시내를 도는 코스가 있습니까?

どんなツアーが人気がありますか。 어떤 투어가 인기가 있습니까?

ここで予約出来ますか。 여기에서 예약할 수 있습니까?

食事付ですか。 식사 포함인가요?

料金はいくらですか。 요금은 얼마인가요?

あの建物はなんでしょうか。 저 건물은 무엇입니까?

いつ頃建てられたんですか。 언제쯤 세워졌습니까?

あれは何という山ですか。 저것은 무슨 산입니까?

あとどのぐらいで着きますか。 앞으로 어느 정도 후에 도착합니까?

~ホテルで下車できますか。 ~호텔에서 하차할 수 있습니까?

イベント 이벤트

市内のイベント情報紙はありますか。 시내의 이벤트정보지는 있습니까?

コンサートに行きたいのですが。 콘서트에 가고 싶은데요.

映画がみたいんですが。 영화를 보고 싶은데요.

映画は何時から上映されますか。 영화는 몇 시부터 상영됩니까?

入場料は含まれていますか。 입장료는 포함돼 있습니까?

～はどこでみられますか。 ～은 어디에서 볼 수 있습니까?

一番安い＜高い＞席はいくらですか。 가장 싼＜비싼＞좌석은 얼마입니까?

チケットを2枚予約してください。 티켓을 2장 예약해주세요.

プロ野球がみたいのですが。 프로야구를 보고 싶은데요.

今日、試合はありますか。 오늘은 경기가 있습니까?

何時からですか。 몇 시부터입니까?

ゴルフがしたいです。 골프를 하고 싶은데요.

クラブをかりたいんですが。 골프채를 빌리고 싶은데요.

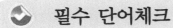
필수 단어체크

信号機 신호기   交差点 사거리

交通標識 교통표시   横断歩道 횡단보도

公衆電話 공중전화   自動販売機 자동판매기

駅 역 ポスト 우체통   真っ直ぐ 직진

右に曲がる 우회전   左に曲がる 좌회전

かど 모퉁이   駅の隣 역 옆

駅の向かい 역 반대편   現金自動支払機 현금자동인출기

パート 8

にほん おく もの でんわ
日本に贈り物、電話 일본에 선물, 전화

취업
일본어

ゆうびん
郵便 우편

ゆうびんきょく
郵便局はどこですか。 우체국은 어디입니까?

へん
この辺にポストはありますか。 이 근처에 우체통은 있어요?

こうくうびん おく
航空便で送りたいです。 항공편으로 보내고 싶습니다.

EMSならいくらですか。 EMS라면 얼마입니까?

なんにち
何日かかりますか。 몇 일 걸립니까?

やす びん
安い便でいいです。 싼 편으로 보내주세요.

いくらですか。 얼마입니까?

つつ でき
お包みはサービス出来ますか。 포장 서비스는 됩니까?

こわ もの
壊れ物です。 깨지는 물건입니다.

電話 전화

電話を使いたいのですが。 전화를 사용하고 싶은데요.

国際電話は使えますか。 국제전화 할 수 있습니까?

国際電話の使い方をおしえてください。 국제전화 하는 방법을 가르쳐주세요.

公衆電話はどこにありますか。 공중전화는 어디에 있습니까?

日本まで電話料金はいくらですか。 일본까지 전화요금은 얼마입니까?

電話番号をおしえてください。 전화번호를 가르쳐주세요.

はい、少々お待ちください。 네, 조금만 기다려주세요.

お電話ほしいとお伝えください。 전화 해달라고 전해주세요.

パート 9

困^こった時^{とき} 트러블

취업
일본어

病気^{びょうき} 질병

風邪薬^{かぜぐすり}をください。 감기약 주세요.

鼻水^{はなみず}、頭痛^{ずつう}、咳^せき、喉^{のど}が痛^{いた}いです。 콧물, 두통, 기침, 목이 아파요.

お腹^{はら}が痛^{いた}いです。 배가 아파요.

医者^{いしゃ}を呼^よんでください。 의사를 불러주세요.

病院^{びょういん}にいきたいです。 병원에 가고 싶어요.

下痢^{げり}をしています。 설사를 합니다.

熱^{ねつ}があります。 열이 있습니다.

アレルギーがあります。 알레르기가 있습니다.

高血圧^{こうけつあつ}です。 고혈압입니다.

糖尿病^{とうにょうびょう}です。 당뇨병입니다.

火傷^{やけど}です。 화상을 입었습니다.

盗難、紛失 도난·분실

私の荷物が見つかりません。 제 짐이 안보입니다.

財布を盗まれました。 지갑을 도난당했습니다.

警察に届けたいです。 경찰에 신고하고 싶습니다.

韓国大使館に連絡をしてください。 일본대사관으로 연락을 해주세요.

財布が見つかったら連絡ください。 지갑을 찾으면 연락주세요.

忘れ物センターはどこですか。 유실물센터는 어디입니까?

放送をしてください。 방송을 해주세요.

子供がいなくなりました。 아이가 없어졌어요.

交通トラブル 교통사고

交通事故にあいました。 교통사고가 났습니다.

車にひかれました。 차에 치였습니다.

救急車を呼んでください。 구급차를 불러주세요.

衝突事故にあいました。 충돌사고가 났습니다.

家内＜夫＞が交通事故にあいました。 아내(남편)가 교통사고를 당했습니다.

事故証明書をください。 사고 증명서를 주세요.

私の過失ではありません。 저의 과실이 아닙니다.

私は横断歩道で歩いていました。 저는 횡단보도를 걷고 있었습니다.

パート 10

帰国（きこく） 귀국

취업 일본어

帰国（きこく） 귀국

インチョン空港（くうこう）までおねがいします。 인천공항까지 부탁합니다.

国際空港行（こくさいくうこうゆ）きのバス停（てい）はどこですか。 국제공항행 버스정류장은 어디입니까?

窓側（まどがわ）の席（せき）をおねがいします。 좌석을 창 쪽으로 주세요.

トイレから近（ちか）い座席（ざせき）をお願（ねが）いします。 화장실과 가까운 좌석으로 주세요.

隣（となり）の席（せき）をください。 옆 좌석을 주세요.

何時（なんじ）まで搭乗（とうじょう）すればいいですか。 몇 시까지 탑승하면 됩니까?

免税品（めんぜいひん）は何個（なんこ）までですか。 면세품은 몇 개까지 가능합니까?

飛行機便予約 비행기편 예약

予約を再確認したいんです。 재확인하고 싶은데요.

予約を確認したいです。 예약을 확인하고 싶은데요.

予約の変更をしたいです。 예약을 변경하고 싶은데요.

東京行きの〇〇〇便です。 동경행 〇〇〇편입니다.

〇月〇日の便をキャンセールしたいんですが。

〇월〇일 편을 취소하고 싶은데요.

搭乗ゲートはどこですか。 탑승게이트는 어디입니까?

出発ゲートはどこですか。 출발게이트는 어디입니까?

JALのカウンターはどこですか。 JAL카운터는 어디입니까?

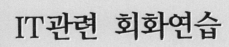

IT관련 회화연습

취업
일본어

컴퓨터 활용능력

A: 金^{キム}さん、ちょっと聞^ききたいですが。 김씨, 잠깐 묻고 싶은데…

B: はい、係長^{かかりちょう}。 네, 계장님.

A: コンピュータ活用能力^{かつようのうりょく}はどのくらいですか。

컴퓨터 활용능력은 어느 정도인가요?

B: ワード、エクセル、パワーポイントができます。

워드, 엑셀, 파워포인트를 다룰 수 있습니다.

A: じゃ、エクセルで会計^{かいけい}プログラムが作成^{さくせい}できますね。

그럼, 엑셀로 회계프로그램을 작성할 수 있죠?

B: はい、できます。

네, 가능합니다.

A: うちの会社の1ヵ月間の売上げ実積を作ってください。

우리 회사의 1개월간의 판매실적을 작성해주세요.

B: はい、来週まで作って報告いたします。

네, 다음 주까지 작성해서 보고하겠습니다.

A: グラフを活用して作ってください。 그래프를 활용해서 만들어주세요.

B: はい、わかりました。 네, 알겠습니다.

프로그램 개발에 대해

A: 課長、失礼いたします。 과장님 실례합니다.

B: なんですか。 무슨 일입니까?

A: ジャバ(JABA)プログラムについてお聞きしたいですが。

자바 프로그램에 대해 여쭈어보고 싶습니다만.

B: ゲームを作る目的ですか。 게임을 만들 목적입니까?

A: はい、そうです。 네, 그렇습니다.

趣味でスポーツゲームをする人が多いです。

취미로 스포츠게임을 하는 사람들이 많습니다.

B: Cプログラムを使ったことがありますか。

C프로그램을 사용해본 적이 있나요?

A: はい、Cプログラムでコンピュータ制御システムを運営した
ことがあります。 네, C프로그램으로 컴퓨터 제어시스템을 운영한 적이 있습니다.

B: それじゃ、作ったプログラムを見せてください。

그럼, 제작한 프로그램을 보여주세요.

A: ありがとうございます。明日完成しますので、お伺いします。

고맙습니다. 내일 완성되니 찾아뵙겠습니다.

스마트폰 개발에 대해

A: チーム長、失礼いたします。 팀장님. 실례합니다.

B: ご用ですか。 용건인가요?

A: スマートフォンウェブ開発について聞きたいですが。

팀장님 스마트폰 웹개발에 대해 여쭤보고 싶은데요.

B: さ、どうぞ。 자, 물어보세요.

A: うちの会社の場合はアンドロイドですか、

それともアイフォーンですか。

우리 회사의 경우는 안드로이드입니까, 그렇지 않으면 아이폰입니까?

B: うちは主にアンドロイドモバイルウェブ開発をしています。

우리는 주로 안드로이드 모바일 웹개발을 하고 있어요.

アンドロイドモバイルウェブ開発をしたことがありますか。

안드로이드 모바일 웹개발을 해본 적이 있나요?

A: 開発したことがあります。 개발한 적이 있습니다.

B: 使用者が便利なウェブ開発をしてください。

사용자가 편리한 웹개발을 해주세요.

A: ありがとうございます。 고맙습니다.

頑張ります。 분발하겠습니다.

제**2**부

취업 실전회화

第 1 課　校内で 교내에서

중요포인트

1. 「～は ～です」
2. 「～といいます」
3. 「～は ～てはありません」
4. 「～の ～です」

明子(あきこ)：はじめまして。

私(わたし)は田中(たなか)明子(あきこ)です。

日本人(にほんじん)です。

美愛(ミエ)：はじめまして。

金美愛(キムミエ)です。

韓国人(かんこくじん)です。

明子 ： 私は東京出身です。

大学の1年生です。

美愛 ： 私はソウルの出身です。

留学生です。

お会いできてうれしいです。

明子 ： 私もお会いできてうれしいです。

美愛 ： どうぞよろしくお願いします。

明子 ： こちらこそ、どうぞよろしくお願いします。

🔹 신출단어

- こんにちは 안녕하세요? 〈낮 인사〉
- ~で ~에서
- はじめまして 처음 뵙겠습니다
- お会いできて 만나뵙게 되어
- どうぞ 아무쪼록, 부디
- お願いします 부탁합니다
- ~こそ ~야말로

- ~の ~의
- ~は ~은
- ~です ~입니다
- うれしい 반갑다
- よろしく 잘, 적당히
- こちら 이쪽

🔹 신출한자

- 大学 대학
- 私 저 〈인칭 대명사〉
- 明子 아키코 〈이름〉
- 韓国人 한국인
- ソウル 서울
- 出身 출신
- 校内 교내

- 教室 교실
- 田中 다나카 〈성〉
- 日本人 일본인
- 東京 도쿄 〈지명〉
- 年生 학년
- 留学生 유학생

문형연습

1. 「は ~です」~는 ~입니다.

わたし あなた かれ	は	学生 会社員 ガイド	です。

2. 「~は ~では ありません」~은(는) ~이(가) 아닙니다.

ここ そこ あそこ	は	韓国 中国 日本	では　ありません。

3. 「~の ~です」~의 ~입니다.

ソウル 東京 大阪	の	地下鉄 バス タクシー	です。

문법핵심

1 　はじめまして ~です。처음 뵙겠습니다. ~입니다.

　처음 만났을 경우에 사용하는 일반적인 인사말이다. 연령이 높은 사람에게는 예의를 갖추어「はじめておめにかかります」라고도 표현한다.

　「~です」는「명사＋です」의 꼴로「~입니다」라는 뜻을 나타내는 조동사이다.

예

- はじめまして。朴です。처음 뵙겠습니다. 박입니다.

- はじめまして。田中（たなか）です。처음 뵙겠습니다. 다나카입니다.

- はじめておめにかかります。金です。처음 뵙겠습니다. 김입니다.

2 ~は ~です。 ~은 ~입니다.

「です」는 단정의 조동사 「だ」의 정중한 형태이다.

> 예
> - 私は公務員です。 나는 공무원입니다.
> - 桜は大変美しいです。 사쿠라는 매우 아름답습니다.
> - 英語はむずかしいです。 영어는 어렵습니다.

3 こんにちは。 안녕하세요.

우리와는 다르게 일본인은 아침·낮·저녁때에 따라 다른 표현을 사용한다.

> 예
> - おはよう(ございます)。 안녕하세요 〈아침인사〉
> - こんにちは。 안녕하세요 〈낮인사〉
> - こんばんは。 안녕하세요 〈저녁인사〉
> - さようなら。 안녕히 가세요 〈헤어질 때의 인사〉
> - じゃ、また。 안녕히 가세요 〈헤어질 때의 인사〉

연습문제

1. 다음 그림을 보고 예문과 같이 표현해 봅시다.

> 예
>
> あなたは 学生^{がくせい}ですか。
>
> ⇨ はい、私は 学生です。
>
> ⇨ いいえ、私は 学生ではありません。先生^{せんせい}です。

① あなたは 日本人^{にほんじん}ですか。(フランス人)

② これは 電話すか。(コンピュータ)

③ ここは銀行ですか。（ホテル）

④ きょうは 月曜日ですか。（日曜日）

 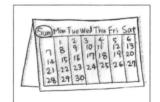

2. 다음 그림을 보고 예문과 같이 표현해 봅시다.

예

田中さん 日本語 先生

⇨ 田中さんは 日本語の先生です。

① 朴さん 韓国語 先生

② これ 日本 雑誌

③ あれ 韓国 料理

④ 先生 おとこ ひと

3. 다음 문장을 일본어로 쓰시오.

① 당신은 이씨입니까? (あなた, ~ですか)

　⇒

② 이것은 테이블이 아닙니다. (これ, テーブル, ~ではありません)

　⇒

③ 당신은 어디 출신입니까? (あなた, どこ, ~出身ですか)

　⇒

④ 일본의 오사카 출신입니다. (にほん, 大阪, ~出身です)

　⇒

⑤ 한국의 가수입니다. (かんこく, 歌手)

　⇒

第2課 韓国人留学生 한국인 유학생

중요포인트

1. 「～と申します」
2. 「～ですか」
3. 「～出身です」

友子　　　：こんにちは。チョルスさん。

チョルス：こんにちは。友子さん。

友子　　　：こちらは金ヨンヒさんです。

　　　　　韓国人留学生です。

チョルス：はじめまして。

　　　　　朴チョルスと申します。

ヨンヒ　　：はじめまして。

金ヨンヒと申します。

チョルス：韓国のどこの出身ですか。

プサンですか。

ヨンヒ　：いいえ、プサンではありません。

仁川の出身です。あなたは。

チョルス：私は大阪の出身です。

在日朝鮮人です。

私の祖父は済州島の出身です。

신출단어

- チョルス 철수
- ~ですか ~입니까?
- いいえ 아니오
- あなた 당신
- こんにちは 안녕하세요?〈낮인사〉
- ~と申(もう)します ~라고 합니다
- では ありません ~개(이)아닙니다

- ~さん ~씨
- どこ 어디
- プサン 부산
- ~との ~(와)과의

신출한자

- 友子 도모코
- 仁川 인천
- 在日 재일
- 朝鮮人 조선인

- 大阪 오사카
- 金順姫 김순희
- 済州道 제주도
- 祖父 할아버지

문형연습

1. 「 ~と申します」~라고 합니다.

わたしは | 朴 / 鈴木 / 中村 | と申します。

2. 「~は　~ですか」~은(는) ~입니까?

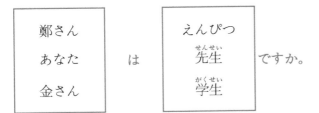

鄭さん / あなた / 金さん　は　えんぴつ / 先生 / 学生　ですか。

3. 「~は ~の出身です」~은(는) ~출신입니다.

わたし / 先生 / 金さん　は　韓国 / 中国 / 日本　の出身です。

문법핵심

1 **~ですか。~입니까? 〈의문〉**

「です」에 의문을 나타내는 조사 「か」를 붙여서 의문이나 질문을 나타낸다. 또한 일본어에서는 물음표를 사용하지 않으며 그 대신 「。」를 사용한다. 이 형식은 회화체이며 문장체는 「~でありますか」이다.

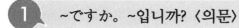

> 예
>
> - あなたは会社員ですか。 당신은 회사원입니까?
> - 金さんは何歳ですか。 김씨는 몇 살입니까?
> - これは本ですか。 이것은 책입니까?

2 **~では ありません。~가(이) 아닙니다. 〈부정〉**

「~です」의 부정은 「~ではありません」이며 회화체에서는 「~じゃありません」으로 사용하기도 한다. 또한 과거표현은 「~では(じゃ)ありませんでした」이다.

예

- あなたは 会社員_{かいしゃいん}ですか。 당신은 회사원입니까?
- いいえ、会社員では(じゃ)ありません。 아니오, 회사원이 아닙니다.
- それは カメラですか。 그것은 카메라입니까?
- いいえ、カメラでは(じゃ)ありません。 아니오, 카메라가 아닙니다.
- 一年前_{いちねんまえ}には先生_{せんせい}では(じゃ)ありませんでした。

  1년 전에는 선생님이 아니었습니다.

3 (명사1) の (명사2)~ ~의 ~

앞의 명사가 뒤의 명사를 수식할 때 사용하며 한국어의 「의」와는 달리 특별한 경우 외에는 생략하지 않는 특징을 가지고 있다.

예

- 수식 : さくら大学_{だいがく}の学生_{がくせい} 사쿠라대학의 학생
- 소유 : 先生_{せんせい}のかばん 선생님의 가방
- 동격 : 先生の木村_{きむら}さん 선생님인 기무라씨
- 장소 : ソウルの大学_{だいがく} 서울에 소재한 대학
- 시간 : 2時_{にじ}の約束_{やくそく} 2시의 약속
- 상태 : 雨_{あめ}の日_ひ 비오는 날
- 재료 : 皮_{かわ}のかばん 가죽으로 만든 가방

주의
- ソウル大学の学生です。 서울대학교 학생입니다.
- ソウルの大学の学生です。 서울 소재 대학의 학생입니다.

■ 지시대명사

가리키는 것	자기 쪽에 가까운 것(근칭)	상대 쪽에 가까운 것(중칭)	모두 먼 경우(원칭)	모를 경우 (부정칭)
사물	これ 이것	それ 그것	あれ 저것	どれ(なに) 어느 것
장소	ここ 여기	そこ 거기	あそこ 저기	どこ 어디, 어느 곳
방향	こちら(こっち) 이쪽	そちら(そっち) 그쪽	あちら(あっち) 저쪽	どちら(どっち) 어느 쪽

*こ・そ・あ・ど의 의미
- ▷こ : 말하는 사람 가까이에 있는 것을 가리킬 때
- ▷そ : 말하는 사람보다 듣는 사람 가까이에 있는 것을 가리킬 때
- ▷あ : 두 사람으로부터 먼 거리에 있는 것을 가리킬 때
- ▷ど : 확실하지 않는 의문을 나타낼 때

■ 인칭대명사

1인칭	2인칭	3인칭	부정칭
わたし 저	あなた 당신	かれ 그	だれ 누구
わたくし 저	きみ 자네		
ぼく 나		かのじょ 그녀	どなた 어느 분
おれ 나	おまえ 너		

연습문제

1. 다음 단어를 보고 예문과 같이 표현해 봅시다.

> 예
>
> わたし ソウル
>
> ⇨ わたしは ソウル の出身です。

① かれ ブラジル

　　⇒

② おかあさん 中国

　　⇒

③ 李さん 韓国の南部

　　⇒

④ スミス氏 アメリカ

　　⇒

⑤ 陽子さん 日本の東京

　　⇒

2. 다음 그림을 보고 예문과 같이 표현해 봅시다.

예

これは 車^{くるま}ですか。

⇨ はい、それは 車^{くるま}です。

① これ ボールペン

② それ スポーツ雑誌^{ざっし}

③ あれ 金さんのつくえ

④ これ ノート

⑤ それ 先生^{せんせい}のラジオ

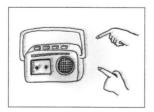

3. 다음 문장을 일본어로 쓰시오.

① 그것은 무엇입니까? (それ, 何ですか)
  ⇒

② 저것은 스피커입니까? (あれ, スピーカー)
  ⇒

③ 그녀는 회사원입니까? (かのじょ, かいしゃいん)
  ⇒

④ 할아버지는 북한 출신입니다. (そふ, 北朝鮮の出身)
  ⇒

⑤ 영수는 동경 출신입니다. (ヨンス, 東京の出身)
  ⇒

第 **3** 課　通学　통학

중요포인트

1. 「～は　どこですか」
2. 「～近く」
3. 「～から　～まで」
4. 「～て(で)」
5. 「～く　ないです」

友子　　：ヨンヒさん、

　　　　　あなたの家_{いえ}はどこですか。

ヨンヒ　：私_{わたし}の家は京都_{きょうと}です。

　　　　　友子さんの家はどこですか。

友子　　：私_{わたし}は家ではありません。

　　　　　大学_{だいがく}の近く_{ちか}の寮_{りょう}です。

大学まで歩いて5分です。

ヨンヒ　　：チョルスさんの自宅はどこですか。

チョルス：私の自宅は神戸です。

三宮駅の近くです。

友子　　：神戸から京都までは遠いですね。

チョルス：いいえ、そんなに遠くないですよ。

神戸から大阪まで電車で25分ぐらい、かかります。

🔵 신출단어

- どこですか 어디입니까?
- _{ちか}近くの 근처의
- ~から ~부터
- ~まで ~까지
- したがって 따라서, 그러므로
- _{ごふん}5分 오 분
- ぐらい ~정도

- _{ある}歩いて 걸어서
- _{ちか}近くです 근처입니다
- _{とお}遠い 멀다
- そんなに 그다지(부정형과 연결)
- ~を ~을(를)
- _{にじゅうごふん}25分 이십오 분

🔵 신출한자

- _{だいがく}大学 대학
- _{いえ}家 집
- _{じかん}時間 시간
- _{えき}駅 역
- _{びょういん}病院 병원
- _{かいしゃ}会社 회사
- _{こうえん}公園 공원
- _{しやくしょ}市役所 시청
- _{くうこう}空港 공항

- _{でんしゃ}電車 전차
- _{やく}約 약, 대략
- _{としょかん}図書館 도서관
- _{ぎんこう}銀行 은행
- _{しょくどう}食堂 식당
- _{がっこう}学校 학교
- _{じてんしゃ}自転車 자전거
- _{そうむか}総務課 총무과

문형연습

1. 「~は どこですか」 ~은(는) ~어디입니까?

| おすまい |
| ソウル駅^{えき} |
| 郵便局^{ゆうびんきょく} |
| アパート |

は どこですか。

2. 「~は ~の近くです」 ~은(는) ~근처입니다.

| 私の家^{いえ} |
| としょかん |
| 銀行^{ぎんこう} |
| 食堂^{しょくどう} |
| 学校^{がっこう} |

は

| 駅^{えき} |
| 郵便局^{ゆうびんきょく} |
| 病院^{びょういん} |
| 会社^{かいしゃ} |
| 公園^{こうえん} |

の 近くです。

3. 「~から ~までです」 ~부터 ~까지입니다.

| 月曜日^{げつようび} |
| 9時^{くじ} |
| 学校^{がっこう} |

から

| 金曜日^{きんようび} |
| 6時^{ろくじ} |
| 家^{いえ} |

までです。

4. 「~て(で) ~くらいです」 ~어서(로) ~정도입니다.

| <ruby>歩<rt>ある</rt></ruby>い |
| バス |
| <ruby>自転車<rt>じてんしゃ</rt></ruby> |

て(で)

| <ruby>1時間<rt>いちじかん</rt></ruby> |
| <ruby>15分<rt>じゅうごふん</rt></ruby> |
| <ruby>20分<rt>にじゅっぷん</rt></ruby> |

ぐらいです。

문법핵심

1 ~から ~まで ~부터 ~까지

「から」와 「まで」는 함께 사용되는 경우가 많은 조사이며, 앞에는 시간적이고 공간적인 순서나 범위를 나타내는 말이 온다. 또한 시간이나 비용 등이 소요되는 표현에는 「かかります」와 함께 관용적으로 쓰인다.

예
- 会議は10時から12時までです。 회의는 10시부터 12시까지입니다.
- 授業は月曜日から金曜日までです。 수업은 월요일부터 금요일까지입니다.
- 家から学校まで10分かかります。 학교에서 집까지 10분 걸립니다.

2 ~く ないです。 ~지 않습니다.

일본어에서 끝부분이 「い」로 끝나면 형용사라고 한다. 가령 「あかい」 「おいしい」 등이 이에 해당하고, 부정형은 「い」를 「く」로 바꾼 다음, 「ない」를 접속하게 된다. 또한 정중형은 「ない」에 「です」를 붙인다. 형용사의 과거형은 「い」를 「かった」로 바꾸고, 정중형은 「かった」에 「です」를 접속시키면 된다.

예

- この料理は おいしい。 이 요리는 맛있다.

- この料理は おいしいです。 이 요리는 맛있습니다.

- この料理は おいしくない。 이 요리는 맛이 없다.

- この料理は おいしくないです。 이 요리는 맛이 없습니다.

- この料理は おいしかった。 이 요리는 맛있었다.

- この料理は おいしかったです。 이 요리는 맛있었습니다.

3 ~も ~도

어떤 사실을 언급하고 같은 종류가 또 있음을 나타낸다. 또한 사물이나 사실에 대하여 하나를 예로 들어 나타낼 경우에 사용하기도 하고, 같은 것을 열거할 때도 사용한다.

예

- 先生も知っています。 선생님도 알고 있습니다.

- 日本の生活に慣れました。また友だちもできました。

  일본 생활이 익숙해졌습니다. 또한 친구도 생겼습니다.

- 父も母も同意しています。 아버지도 어머니도 동의하고 있습니다.

■ 숫자 읽기

1	いち	10	じゅう	100	ひゃく	1000	せん
2	に	20	にじゅう	200	にひゃく	2000	にせん
3	さん	30	さんじゅう	300	さんびゃく	3000	さんぜん
4	よん(し)	40	よんじゅう	400	よんひゃく	4000	よんせん
5	ご	50	ごじゅう	500	ごひゃく	5000	ごせん
6	ろく	60	ろくじゅう	600	ろっぴゃく	6000	ろくせん
7	なな(しち)	70	ななじゅう	700	ななひゃく	7000	ななせん
8	はち	80	はちじゅう	800	はっぴゃく	8000	はっせん
9	きゅう(く)	90	きゅうじゅう	900	きゅうひゃく	9000	きゅうせん
10	じゅう	100	ひゃく	1000	せん	10000	いちまん

■ 시간 읽기

いちじ 1時	にじ 2時	さんじ 3時	よじ 4時	ごじ 5時	ろくじ 6時	しちじ 7時	はちじ 8時	くじ 9時	じゅうじ 10時	じゅういちじ 11時	じゅうにじ 12時	なんじ 何時
いっぷん 1分	にふん 2分	さんぷん 3分	よんぷん 4分	ごふん 5分	ろっぷん 6分	ななふん 7分	はっぷん 8分	きゅうふん 9分	じゅっぷん 10分	にじゅっぷん 20分	さんじゅっぷん 30分	なんぷん 何分

午前(오전)		午後(오후)	
朝(아침)	晝(점심)		夜·晩(저녁·밤)

■ 요일 읽기

にちようび 日曜日 (일요일)	げつようび 月曜日 (월요일)	かようび 火曜日 (화요일)	すいようび 水曜日 (수요일)	もくようび 木曜日 (목요일)	きんようび 金曜日 (금요일)	どようび 土曜日 (토요일)	なんようび 何曜日 (무슨 요일)

연습문제

1. 다음 그림을 보고 예문과 같이 표현해 봅시다.

예

おすまい　郵便局
　　　　　ゆうびんきょく

　　⇨　おすまいは　どこですか。

　　⇨　おすまいは　郵便局のちかくです。

① すし屋　銀行
　　　や　　ぎんこう

② 受付　会計課
　　うけつけ　かいけいか

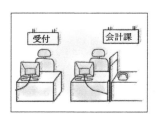

③ デパート　ホテル

④ バス停　空港
　　　　てい　くうこう

⑤ 映画館 市役所
えいがかん しやくしょ

⑥ トイレ カウンター

2. 다음 그림을 보고 예문과 같이 표현해 봅시다.

예

学校 家, あるいて 20分
がっこう いえ にじゅっぷん

⇨ 学校から家まで どのくらいですか。

⇨ あるいて 20分ぐらいです。

① 図書館 講義室, 自転車 5分
としょかん こうぎしつ じてんしゃ ごふん

② カナダ アメリカ, 飛行機 3時間
ひこうき さんじかん

③ 中国 日本, 飛行機 2時間

④ 本屋 スーパー, 電車 15分

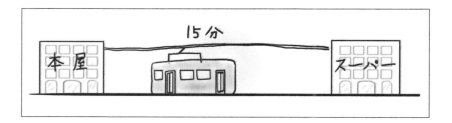

3. 다음 문장을 일본어로 쓰시오.

① 병원은 어디에 있습니까? (病院, どこ)

⇒

② 화장실은 어디에 있습니까? (トイレット、どこ)

⇒

③ 미용실은 백화점 부근에 있습니다. (美容室, デパート, ちかく)

⇒

④ 기숙사는 학교 부근에 있습니다. (寮, 学校, ちかく)

⇒

⑤ 자택에서 학교까지 어느 정도입니까? (自宅, 学校, どのくらい)

⇒

⑥ 자전거로 30분 정도입니다. (自転車, ぐらい)

⇒

⑦ 서울에서 제주도까지 얼마나 걸립니까? (ソウル, 済州道, どのくらい)

⇒

⑧ 비행기로 40분 정도 걸립니다. (飛行機, ぐらい)

⇒

第4課 家族紹介 가족소개

중요포인트

1. 「～が　～います」
2. 「～そうです」〈양태〉
3. 「よくある　～ですね」

友子　　：ヨンヒさんの家族は何人ですか。

ヨンヒ　：私の家には父と母、

　　　　　そして妹が一人います。

　　　　　妹はまだ14歳で、中学生です。

友子　　：チョルスさんは何人家族ですか。

チョルス：祖母、父、母、姉が一人、弟が一人います。

姉は看護師です。

弟は予備校生です。6人家族です。

そして猫が2匹います。

ヨンヒ　　：猫の名前は何といいますか。

チョルス：ココとパピです。

ヨンヒ　　：かわいい名前ですね。

友子　　　：私の家にも犬が1匹います。

　　　　　　名前はナナです。

チョルス　：よくある名前ですね。

🔵 신출단어

- ~には ~에는
- 父 (ちち) (자신의) 아버지
- 母 (はは) (자신의) 어머니
- ~います ~있습니다.
- かわいい 귀여운
- ~ですね。~이군요.
- 何人 (なんにん) 몇 명
- 妹 (いもうと) 여동생
- 名前 (なまえ) 이름
- 何 (なに/なん) 무엇
- ~といいますか? ~라고 합니까?
- ココ 코코(이름)
- パピ 파피(이름)
- 猫 (ねこ) 고양이
- とくある 종종있는(듣는)
- 犬 (いぬ) 개
- ナナ 나나
- ~匹 (ひき) ~마리(동물 세는 단위)

🔵 신출한자

- 家族 (かぞく) 가족
- 祖母 (そぼ) 할머니
- 母 (はは) 어머니
- 弟 (おとうと) 남동생
- 予備校生 (よびこうせい) 입시 학원생
- 中学生 (ちゅうがくせい) 중학생
- 父 (ちち) 아버지
- 妹 (いもうと) 여동생
- 看護師 (かんごし) 간호사

문형연습

1. 「~が ~います」 ~가 ~있습니다.

| <ruby>弟<rt>おとうと</rt></ruby>
<ruby>家族<rt>かぞく</rt></ruby>
<ruby>犬<rt>いぬ</rt></ruby> | が | <ruby>2人<rt>ふたり</rt></ruby>
<ruby>5人<rt>ごにん</rt></ruby>
<ruby>3匹<rt>さんびき</rt></ruby> | います。 |

2. 「~は ~といいますか」 ~은 ~라고 합니까?

| あなたの<ruby>会社<rt>かいしゃ</rt></ruby>の<ruby>名前<rt>なまえ</rt></ruby>は
<ruby>妹<rt>いもうと</rt></ruby>さんの名前は | なんといいますか。 |

3. 「よくある ~ですね。」 흔한 ~이군요.

| よくある | <ruby>名前<rt>なまえ</rt></ruby>
<ruby>建物<rt>たてもの</rt></ruby>
<ruby>魚<rt>さかな</rt></ruby> | ですね。 |

문법핵심

1 ~が ~います。~가 ~있습니다.

생물의 존재 유무(있습니다/없습니다)를 나타낼 때에는 「います」와 「いません」을 사용한다. 일반적으로 「~に ~が ~います。」의 형태로 많이 사용한다.

- 部屋に猫が3匹います。 방에 고양이가 세 마리 있습니다. (평서문)
- 犬もいますか。 개도 있습니까? (의문문)
- いいえ、犬はいません。 아니오, 개는 없습니다. (부정문)

■ 사람의 존재에 대한 구체적인 질문은 「だれが(누가)」를 사용한다.

- 教室にだれがいますか。 교실에 누가 있습니까?
- 鈴木さんがいます。 스즈키씨가 있습니다.

■ 사람의 존재여부 자체에 대한 질문에는 「だれか(누군가)」를 사용하며, 대답은 「はい」또는 「いいえ」로 시작한다.

- 部屋の中にだれかいますか。 방 안에 누군가 있습니까?

- はい、います。 예, 있습니다.
- いいえ、いません。 아니오, 없습니다.

2 ~そうです。~할 것(~인 것)같습니다.〈양태(樣態)〉

화자가 보고 느낀 상황을 묘사하는 말이며, 주관적인 판단에 의한 추측을 나타낸다. 미래의 가능성이나 예상을 나타내는 말투이므로 과거의 상태나 사건에 대해서는 사용할 수 없다.

예

- 今にも雨がふりそうです。 당장에라도 비가 올 것 같습니다.
- この本はむずかしそうです。 이 책은 어려운 것 같습니다.

3 ~ね。 / ~よ。 ~군요.

「ね」「よ」는 문말에 접속하여 화자의 주관적인 태도를 나타내는데, 「ね」는 주로 감탄・확인・동의를 나타내는 데에 사용하고, 「よ」는 상대방의 주의를 끌거나 주장을 나타내는 데에 사용한다.

예

- お店がたくさんありますね。 상점이 많이 있군요.
- ええ、たくさんありますよ。 예, 많이 있어요.

■ 물건 세는 법(조수사)

		一	二	三	四	五	六	七	八	九	十	何
枚	종이	いちまい	にまい	さんまい	よんまい	ごまい	ろくまい	ななまい	はちまい	きゅうまい	じゅうまい	なんまい
円	화폐단위	いちえん	にえん	さんえん	よえん	ごえん	ろくえん	ななえん	はちえん	きゅうえん	じゅうえん	なんえん
回	회수순서	いっかい	にかい	さんかい	よんかい	ごかい	ろっかい	ななかい	はっかい	きゅうかい	じゅっかい	なんかい
階	층수	いっかい	にかい	さんがい	よんかい	ごかい	ろっかい	ななかい	はちかい	きゅうかい	じゅっかい	なんがい
軒	가옥	いっけん	にけん	さんげん	よんけん	ごけん	ろっけん	ななけん	はっけん	きゅうけん	じゅっけん	なんけん
個	찻잔꽃병	いっこ	にこ	さんこ	よんこ	ごこ	ろっこ	ななこ	はっこ	きゅうこ	じゅっこ	なんこ
歳	연령	いっさい	にさい	さんさい	よんさい	ごさい	ろくさい	ななさい	はっさい	きゅうさい	じゅっさい	なんさい
冊	책잡지	いっさつ	にさつ	さんさつ	よんさつ	ごさつ	ろくさつ	ななさつ	はっさつ	きゅうさつ	じゅっさつ	なんさつ
足	구두신발	いっそく	にそく	さんぞく	よんそく	ごそく	ろくそく	ななそく	はっそく	きゅうそく	じゅっそく	なんぞく
台	차량기계	いちだい	にだい	さんだい	よんだい	ごだい	ろくだい	ななだい	はちだい	きゅうだい	じゅうだい	なんだい
頭	소말 등	いっとう	にとう	さんとう	よんとう	ごとう	ろくとう	ななとう	はっとう	きゅうとう	じゅっとう	なんとう
人	사람	ひとり	ふたり	さんにん	よにん	ごにん	ろくにん	しちにん	はちにん	きゅうにん	じゅうにん	なんにん
杯	차.음료	いっぱい	にはい	さんばい	よんはい	ごはい	ろっぱい	ななはい	はっぱい	きゅうはい	じゅっぱい	なんばい
匹	개고양이물고기	いっぴき	にひき	さんびき	よんひき	ごひき	ろっぴき	ななひき	はっぴき	きゅうひき	じゅっぴき	なんびき
号	탈 것 차례 크기	いちごう	にごう	さんごう	よんごう	ごごう	ろくごう	ななごう	はちごう	きゅうごう	じゅうごう	なんごう
本	식물 막대 모양	いっぽん	にほん	さんぼん	よんほん	ごほん	ろっぽん	ななほん	はっぽん	きゅうほん	じゅっぽん	なんぼん
束	다발묶음	ひとたば	ふたたば	みたば	よんたば	ごたば	ろくたば	ななたば	はったば	きゅうたば	じゅったば	なんたば

■ 친족의 명칭과 호칭

자기가족	상대가족	가족끼리
わたしのちち(우리 아버지)	金さんのおとうさん	おとうさん
はは(어머니)	おかあさん	おかあさん
あに(형·오빠)	おにいさん	おにいさん
あね(누나·언니)	おねえさん	おねえさん
おとうと(남동생)	おとうとさん	이름
いもうと(여동생)	いもうとさん	이름

연습문제

1. 다음 그림을 보고 예문과 같이 표현해 봅시다.

> 예
>
> 家、父と母
> <small>いえ ちち はは</small>
>
> ⇨ 家には　だれが　いますか。
>
> ⇨ 家には　父と母が　います。

① 教室、先生と学生
<small>きょうしつ せんせい がくせい</small>

② 競技場、選手と監督
<small>きょうぎじょう せんしゅ かんとく</small>

③ 舞台、歌手と俳優
<small>ぶたい かしゅ はいゆう</small>

④ 動物園、キリンとチンパンジー
<small>どうぶつえん</small>

⑤ 田舎、祖父と祖母

⑥ 会社、社長と社員

2. 다음 그림을 보고 예문과 같이 표현해 봅시다.

예

猫の名前、タイガー

⇨ 猫の名前は 何と いいますか。

⇨ タイガーです。

① あの山、白頭山

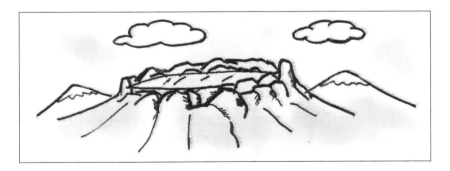

② この河、漢江
_{かわ} _{かんこう}

③ 妹のお名前、春子
_{いもうと} _{なまえ} _{はるこ}

④ 本屋の名前、紀伊国屋
_{ほんや} _{なまえ} _き _{のくにや}

3. 다음 문장을 일본어로 쓰시오.

① 당신의 가족은 몇 분입니까?
  ⇒

② 4인 가족입니다.
  ⇒

③ 남동생은 지금 군인입니다.
  ⇒

④ 남동생은 16세이고 고등학생입니다.
  ⇒

⑤ 호랑이와 사자가 있습니까?
  ⇒

⑥ 그의 이름은 무엇이라고 합니까?
  ⇒

第 **5** 課 　レスリング 레스링(취미)

중요포인트

1. 「〜は 〜することです」
2. 「よく 〜に 行きます」
3. 「どんな 〜を聞きますか」
4. 「〜は 何ですか」

ヨンヒ 　：私の趣味は映画を見ることです。

　　　　　よく映画を見に行きます。

チョルス：友子さんの趣味は何ですか。

友子 　　：私の趣味は音楽です。

ヨンヒ 　：どんな音楽を聞きますか。

友子　　：クラシックが好きですが、

　　　　　最近はよくポップスを聴きます。

　　　　　中山美穂が好きです。

　　　　　よくユーミンのコンサートへ行きます。

ヨンヒ　：チョルスさんの趣味は何ですか。

チョルス：私の趣味はスポーツです。

　　　　　レスリングが好きです。

　　　　　ジャイアント馬場のファンです。

🔷 신출단어

- 見る 보다
- 何 무엇
- どんな 어떤
- クラシック 클래식
- ポップス 미국의 대중가요
- フアン 팬
- ジャイアント馬場 자이언트 바바
- ユーミン 유민(松任谷由実의 별칭), 마쓰토야 유미

- 行く 가다
- 聞く 듣다
- 好き 좋아함
- スポーツ 스포츠
- レスリング 레스링
- コンサート 콘서트

🔷 신출한자

- 趣味 취미
- 音楽 음악
- 中山美穂 나카야마 미호

- 映画 영화

문형연습

1. 「~は ~することです」 ~은 ~하는 것입니다.

2. 「よく ~に 行きます」 자주 ~하러 갑니다.

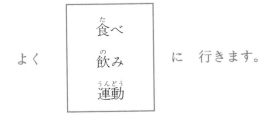

3. 「どんな ~を 聞きますか」 어떤 ~을 듣습니까?

4. 「~は 何^{なん}ですか。」 ~은(는) 무엇입니까?

イスホさんの趣味^{しゅみ}

ハユリさんの専攻^{せんこう}   は 何^{なん}ですか。

吉田^{よしだ}愛子^{あいこ}さんの好物^{こうぶつ}

문법핵심

1 ~は ~する ことです。 ~은 ~하는 것입니다.

「こと」는 연체형에 접속하여 행위나 동작을 나타낸다. 또한 어떤 것에 대해 구체적으로 설명하거나 화자의 결정이나 결심을 나타내기도 한다.

> 예
> - 問題は無事に行くことです。 문제는 무사히 가는 것입니다.
> - 休みの日はどんなことをしますか。 휴일은 어떠한 일을 합니까?
> - 私はアメリカへ行ったことがありません。 저는 미국에 간 적이 없습니다.

■ 「ことです」「のです」

「~인 것입니다」라고 말할 경우 「こと」「の」는 의미상 차이가 있다. 즉 「~ことです」는 앞의 내용을 받는 형식명사인데 반하여, 「~の です」는 의미를 강조하는 표현이 되어 구어체의 「~んです」와 의미가 같아지므로 이런 경우에는 「~こと」대신 「の」를 사용할 수 없다.

② ~ます。 ~입니다.

「ます形」은 주체의 행동이나 동작・작용을 정중하게 표현하며, 특히 현재의 습관이나 상태, 미래의 예정을 나타낸다.

예

- 毎日、学校へ行きます。 매일 학교에 갑니다. 〈현재의 습관〉
- 郵便局は駅の近くにあります。 우체국은 역 근처에 있습니다. 〈상태〉
- あした友だちのうちへ行きます。 내일 친구 집에 갑니다. 〈예정〉

■ 「ます形」의 활용

- 学校へ行きます。 갑니다. 〈서술〉

- 行きますか。 갑니까? 〈의문〉

- 行きません。 가지 않습니다. 〈부정〉

- 行きました。 갔습니다. 〈과거〉

- 行きませんでした。 가지 않았습니다. 〈과거부정〉

- 行きましょう。 갑시다. 〈권유〉

연습문제

1. 다음 그림을 보고 예문과 같이 표현해 봅시다.

> 예
> テニス　しに　いく
> ⇨ 今日（きょう）　何（なに）を　しますか。
> ⇨ テニスを　しに　いきます。

① 講義（こうぎ）　聞きに　いく

② 水泳（すいえい）　習（なら）いに　いく

③ サッカー　しに　いく

④ 料理（りょうり）　食（た）べに　いく

2. 다음 그림을 보고 예문과 같이 표현해 봅시다.

예

ピアノ　ひくこと
⇨ あなたの　趣味_{しゅみ}は　何_{なん}ですか。
⇨ わたしの　趣味は　ピアノを　ひくことです。

① 本_{ほん} 読_よむこと

② 絵_え 描_{えが}く事_{こと}

③ 散歩_{さんぽ} すること

④ 小説_{しょうせつ} 書_かくこと

⑤ 歌_{うた} 歌_{うた}うこと

⑥ ギター 弾_ひくこと

3. 다음 그림을 보고 예문과 같이 표현해 봅시다.

예

　静_{しず}かな　音楽_{おんがく}

　⇨ どんな　音楽が　すきですか。
　⇨ 静かな　音楽が　すきです。

① 面白_{おもしろ}い 漫画_{まんが}

② 派手_{はで}な 服_{ふく}

③ 甘い(果物：バナナ)

④ 過激な(スポーツ：ボクシング)

4. 우리말을 일본어로 바꿔 표현해 봅시다.

① 그의 취미는 무엇입니까?
   ⇒

② 영화를 좋아합니다.
   ⇒

③ 어떤 영화를 좋아하십니까?
   ⇒

④ 저의 취미는 등산입니다.
   ⇒

⑤ 자주 운동을 하러 갑니다.
   ⇒

⑥ 음악을 들으러 콘서트에 갑니다.
   ⇒

5. 자유스럽게 표현해 봅시다.

① 서로 취미에 대해 묻고 대답하기
⇒

② 좋아하는 스포츠, 영화, 음악 등에 관한 대화
⇒

③ 대상의 어떤 부분이 좋고 싫은지 표현하기
⇒

第6課 コーヒーショップ 커피숍

중요포인트

1. 「～ませんか」
2. 「～ましょう」〈권유〉
3. 「～に します」
4. 「～を いただきます」
5. 「～そうです」〈전문〉

ヨンヒ ： 今日（きょう）はいい天気（てんき）ですね。

友子 ： そうですね。でも少（すこ）し暑（あつ）いです。

ヨンヒ ： ちょっとのどが渇（かわ）きました。

コーヒーショップへ行（い）って、お茶（ちゃ）でも飲（の）みませんか。

チョルス ： それがいいですね。

友子 ： そうしましょう。

（コーヒーショップにて）

ウェイター：いらっしゃいませ。

ご注文は何にいたしましょうか。

チョルス：冷たいオレンジジュースをください。

ヨンヒ　：私はホットにします。

友子　　：私はケーキセットをいただきます。

　　　　　ここのチーズケーキは美味しいそうですよ。

ヨンヒ　：それでは、チーズケーキもいただきます。

ウェイター：かしこまりました。

🔽 신출단어

- 少し 조금
- ちょっと 조금, 약간
- 渇く 마르다, 갈증 나다
- いらっしゃいませ 어서 오세요
- 飲む 마시다
- オレンジジュース 오렌지 주스
- ホットコーヒー 뜨거운 커피
- いただく 받다 〈もらう의 겸양어〉
- 美味しい 맛있다

- 暑い 덥다
- お茶 차 〈음료〉
- でも 하지만
- 致す 하다 〈する의 겸양어〉
- ください 주세요
- 欲しい 갖고 싶다
- ケーキセット 케이크 세트
- チーズケーキ 치즈 케이크
- かしこまる 분부대로 하다

🔽 신출한자

- 喫茶店 : 찻집
- 天気 : 날씨

- 今日 : 오늘

문형연습

1. 「~ませんか」 ~하지 않겠습니까?

> お茶でも 飲み
> ご飯でも 食べ   ませんか。
> 歌でも 歌い

2. 「~ましょう」 ~합시다. 〈권유〉

> 皆で 飲み
> 二人で 食べ   ましょう。
> 団体で 行き

3. 「~に します」 ~으로 하겠습니다.

> わたしは コーヒー
> 飲み物は ジュース   に します。
> 今日は 定食

4. 「~を　いただきます」 ~을 먹겠습니다.

お茶 ジュース ケーキ	を　いただきます。

5. 「~そうです」 ~하다고 합니다. 〈전문〉

ケーキは　美味しい 明日は　雨だ 今日は　晴れだ	そうです。

문법핵심

1 ~を いただきます。~을 먹겠습니다(~(으)로 하겠습니다).

「いただく」는 「もらう(받다)」의 겸양어로써 직역하면 「~해 받다」로 해석되지만, 「먹다·마시다·사다」와 같은 동작일 경우에는 화자의 의지를 나타내기도 한다.

예

〈얻다, 사다〉

• これは先生にいただいた本です。 이 책은 선생님에게서 얻은 책입니다.

• この車をいただきます。いくらですか。 이 자동차를 사겠습니다. 얼마인가요?

〈~해 받다(주다)〉

• それを説明していただきたいですが。 그것을 설명해주셨으면 합니다만.

• 道を教えていただけませんか。 길을 가르쳐 주실 수 없겠습니까?

〈먹다, 마시다〉

• 私は甘いものをいただきません。 저는 단 것을 먹지 않습니다.

• もう充分いただきました。 이젠 충분히 마셨습니다.

■ 수수동사(授受動詞)

① あげる

다른 사람에게 무언가를 줄 경우에 사용한다. 만약 손윗사람일 경우에는 「さしあげる」를 사용한다.

- 私は彼に卒業祝いをあげました。

  나는 그에게 졸업선물을 주었습니다. 〈화자 → 제3자〉

- 鈴木さんは田中さんに万年筆をあげました。

  스즈키씨는 다나카씨에게 만년필을 주었습니다. 〈제3자 → 제3자〉

- あなたは朴さんに何をあげましたか。

  당신은 박씨에게 무엇을 주었습니까? 〈상대 → 제3자〉

② もらう

다른 사람에게서 무언가를 받을 경우에 사용하는 표현이다.

- 田中さんにプレゼントをもらいました。

  다나카씨에게 선물을 받았습니다. 〈제3자 → 화자〉

- あなたは田中さんから何をもらいましたか。

  당신은 다나카씨로부터 무엇을 받았습니까? 〈제3자 → 상대〉

- 田中さんは朴さんに何をもらいましたか。

  다나카씨는 박씨에게서 무엇을 받았습니까? 〈제3자 → 제3자〉

  ※「~てもらう」는 타인이 어떠한 동작을 함으로써 주체가 이익을 받는 것을 나타낸다. 또는 타인에게 부탁하여 그 사람으로 하여금 어떠한 행동을 하게 하는 뜻을 나타내기도 한다(-해 달라고 하다, -을 해 받다).

  - 知人に英語で手紙を書いてもらいました。

    아는 사람에게 영어로 편지를 써 달라고 했습니다.

  - ピアノを教えてもらっています。 피아노를 배우고 있습니다.

③ くれる

다른 사람이나 나의 영역에 속해 있는 사람에게 줄 경우에 사용한다.

- 知人が私にプレゼントをくれました。

  아는 사람이 나에게 선물을 주었습니다. 〈제3자→화자〉

- 弟がくれた辞典です。

  남동생이 준 사전입니다. 〈나의 영역→화자〉

- 鈴木さんは父に絵はがきをくれました。

  스즈키씨는 아버지에게 그림엽서를 주었습니다. 〈제3자→나의 영역〉

2 ~ませんか。~하지 않겠습니까?

「~하지 않겠습니까」처럼 조심스러운 권유 표현을 나타낸다.

예

- ちょっとお茶でも飲みませんか。 잠시 차라도 마시겠습니까?
- 明日山登りに行きませんか。 내일 등산 가지 않겠습니까?

■ 「ませんか」와 「ましょうか」

「ませんか」는 「함께 가고 싶은데 당신의 생각은 어떤가요?」라는 상대방의 의사를 조심스럽게 물어보는 권유표현이다.

- いっしょにスキーに行きませんか。 같이 스키 타러 안 가실래요?

- スキーはちょっと... 。 스키는 좀...

「ましょうか」는「가는 것은 당연한데 어떤 식으로(누구와 언제)」라는 의미를 내포하고 있으며, 적극적인 느낌이 강한 권유표현이다.

- いつ行^いきましょうか。 언제 갈까요?

- 窓^{まど}を開^あけましょうか。 창문을 열까요?

3 ~そうです。~(ㄴ)다고 합니다. 〈전문〉

다른 사람으로부터 얻은 정보를 자신의 의견이나 주관을 첨가하지 않고 있는 그대로 전할 때 사용하며, 동사와 형용사 모두 종지형에 연결된다.

예

- 天気予報^{てんきよほう}によると、明日^{あした}は雨^{あめ}が降^ふるそうです。

  일기예보에 의하면, 내일은 비가 온다고 합니다.

- 東京^{とうきょう}の物価^{ぶっか}はとても高^{たか}いそうです。

  도쿄의 물가는 매우 비싸다고 합니다.

- 李さんは日本語^{にほんご}がとても上手^{じょうず}だそうです。

  이씨는 일본어가 매우 능숙하다고 합니다.

연습문제

1. 다음 그림을 보고 예문과 같이 표현해 봅시다.

> 예
>
> 少し　暑い
> ⇨ 今日は　いい　天気ですね。
> ⇨ そうですね、少し　暑いですね。

① 少し　寒い

② ちょっと　雨

③ とても　涼しい

④ あいにく　雪

2. 다음 그림을 보고 예문과 같이 표현해 봅시다.

예

温^{あたた}かい　ミルク

⇨ いらっしゃいませ。何^{なに}に　いたしましょうか。

⇨ 温かい　ミルクを　ください。

① 熱^{あつ}い　コーヒー

② 甘^{あま}い　ケーキ

③ 冷^{つめ}たい　ビール

④ 温^{あたた}かい　お茶^{ちゃ}

⑤ 綺麗な かばん

⑥ いい 万年筆

3. 다음 그림을 보고 예문과 같이 표현해 봅시다.

> 예
>
> ここ チーズケーキ
>
> ⇨ ここは 何が 美味しいですか。
>
> ⇨ チーズケーキが 美味しいそうです。

① あの店 ラーメン

② 学校の食堂 ハンバーガー

③ あそこ　うどん

④ お隣のレストラン　夕食

4. 우리말을 일본어로 바꿔 표현해 봅시다.

① 오늘은 좋은 날씨군요.

　⇒

② 그렇군요. 조금 덥군요.

　⇒

③ 커피숍에 가서 차 한 잔 하실까요?

　⇒

④ 어서 오십시오. 뭘 드시겠습니까?

　⇒

⑤ 오렌지주스 한 잔 주세요.

　⇒

⑥ 저 상점은 초밥이 맛있다는군요.

　⇒

5. 자유스럽게 표현해 봅시다.

① 날씨에 대한 대화
   ⇒

② 음료수 주문하기
   ⇒

③ 식당에서의 대화
   ⇒

第7課　休暇 휴가

중요포인트

1. 「～だから、～」
2. 「～は　何<ruby>なに</ruby>もありません」
3. 「～て　もらいます」
4. 「それは　～です」
5. 「～て　くれます」

チョルス ： もうすぐゴールデンウィークですね。

　　　　　　休暇<ruby>きゅうか</ruby>の予定<ruby>よてい</ruby>はありますか。

友子　　 ： 今年<ruby>ことし</ruby>は１週間<ruby>いっしゅうかん</ruby>の連休<ruby>れんきゅう</ruby>だから、

　　　　　　実家<ruby>じっか</ruby>の横浜<ruby>よこはま</ruby>へ帰<ruby>かえ</ruby>ります。

チョルス ： 私は友達<ruby>ともだち</ruby>とテニスをします。

　　　　　ヨンヒさんはどうしますか。

ヨンヒ　　：私は友子さんと一緒に横浜へ行きます。

　　　　　そして一緒に海水浴場に行きます。

チョルス：いいですね。それはうらやましいです。

　　　　　おみやげを買ってきてくれますか。

ヨンヒ　　：はい。もちろんです。

🔵 신출단어

- もうすぐ 이제, 곧
- だから 그래서
- ~週間 ~주간
- 帰る 돌아가다
- 友達 친구
- 一緒に 함께
- おみやげ 선물
- もちろん 물론
- ゴールデンウィーク 골든 위크(4월말부터 5월초까지의 황금연휴)

- 今年 금년
- テニス 테니스
- どう 어떻게
- そして 그리고
- 買う 사다
- うらやましい 부럽다
- ~てくれる ~해주다

🔵 신출한자

- 休暇 휴가
- 週間 주간
- 実家 생가, 친정
- 友達 친구
- 海水浴場 해수욕장

- 予定 예정
- 今年 금년
- 連休 연휴
- 横浜 요코하마

문형연습

1. 「~だから、~」~이니까(이므로),

連休(れんきゅう)	だから、	実家(じっか)へ 帰(かえ)ります。 アメリカへ 戻(もど)ります。 韓国(かんこく)へ 行(い)きます。

2. 「~は 何(なに)もありません」~은 아무것도 없습니다.

その 他(ほか)の 予定(よてい) 休みの スケジュール 今後(こんご)の 計画(けいかく)	は 何(なに)もありません。

3. 「~て もらいます」~해 받습니다.

田中(たなか)さんに 泊(と)め 木村(きむら)さんに 教(おし)え 松下(まつした)さんに 帰(かえ)っ	て もらいます。

4. 「それは~です」 그것은 ~입니다.

それは
> うらやましい
> かわいそう
> 何^{なに}より

です。

5. 「~て くれます」 ~해 줍니다.

> 日本語^{にほんご}を 教^{おし}え
> 私^{わたし}を 泊^とめ
> おみやげを 買^かっ

て くれます。

문법핵심

1 ~だから。~니까, ~므로(그러니까, 그러므로)

원인이나 이유를 나타내는 글이 앞에 오고, 결과를 나타내는 글이 다음에 이어져「그러기 때문에 …이다」라는 의미를 나타낸다. 그리고 앞의 사항을 받아서 그 이유를 설명하기 위해 사용한다.

- 今日から学校が始まった。だから、バスが混んでいる。

  오늘부터 학교가 시작되었다. 그래서 버스가 붐빈다.

- 「やっぱり遅れてしまったよ。」「だから、早く行った方がいい

  と言ったでしょう。」

  역시 늦고 말았군요. 그래서 빨리 가는 편이 좋다고 말했었지요.

- 明日は天気が悪くなりそうですね。だから、明日はやめましょう。

  내일은 날씨가 나빠질 것 같군요. 그러니 내일은 그만둡시다.

2 ~は 何もありません。~은 아무것도 없습니다.

「何も」는 부사적으로 사용하며 언제나 부정형과 접속하여 「아무것도, 전혀」와 같은 의미를 나타낸다.

예

- 事業についての計画は何もありません。

  사업에 대한 계획은 아무것도 없습니다.

- 彼女からの便りは何もありません。

  그녀에게서의 소식은 아무것도 없습니다.

 연습문제

1. 다음 그림을 보고 예문과 같이 표현해 봅시다.

> 예
>
> 休み ゴルフ 行く
> ⇨ 何か 予定は ありますか。
> ⇨ 休みだから ゴルフに 行きます。

① ひま　テニス　行く

② 休日　遠足　出かける

③ 平日　会社へ　出勤する

④ 汚ない　掃除を　する

2. 다음 그림을 보고 예문과 같이 표현해 봅시다.

> 예
>
> 家 妹 ショッピング
> ⇨ あなたは どうしますか。
> ⇨ 家で 妹と ショッピングを します。

① 公園 犬 遊ぶ

② インドの料理店 李さん 食事

③ 競技場 友達 サッカー

④ 図書館 弟 宿題

⑤ 映画館　美人　デート

⑥ 学校　学友　運動

3. 다음 그림을 보고 예문과 같이 표현해 봅시다.

예

本　借りる

⇨ 図書館へ　行きます。

⇨ 本を　借りてきて　くれますか。

① 本屋 (雑誌 買う)

② デパート (服 買う)

③ クリーニング屋(ズボン 直し)　④ くつ屋(くつ 修繕する)

4. 우리말을 일본어로 바꿔 표현해 봅시다.

① 휴가 예정은 있습니까?

⇒

② 이번 달은 겨울방학이니까 여행하러 중국에 가겠습니다.

⇒

③ 당신은 어떻게 보냅니까?

⇒

④ 저는 친구와 테이스를 하렵니다.

⇒

⑤ 그건 부럽군요.

⇒

5. 자유스럽게 표현해 봅시다.

① 휴가 계획 묻고 대답하기
   ⇒

② 육하원칙으로 할 일을 표현하기
   ⇒

③ 여행에 관한 대화
   ⇒

第 **8** 課　東京観光　도쿄관광

중요포인트

1. 「～が　建っているところ～」
2. 「～が　飲んだ　喫茶店～」
3. 「～から、～」

ヨンヒ　　：東京は大きな町ですね。

友子　　　：そうですね。とても大きいです。

チョルス：あそこが東京駅、向こうがお台場です。

友子　　　：あの高いビルが建っているところが新宿です。

チョルス：あそこが原宿。あそこが六本木です。

　　　　　　冬ソナのペ・ヨンジュンさんがお茶を飲んだ喫茶店は、

　　　　　　表参道にあります。

友子　　：私はヨン様の大ファンです。

　　　　　　その喫茶店に行ってみたいです。

チョルス：それでは今から行ってみましょう。

友子　　：うれしいです。うれしくって、涙が出てきました。

(喫茶店にて)

チョルス：これがヨン様が座った座席ですよ。

友子　　：感激です。ここに座りますから、早く写真を撮ってください。

チョルス：いいですか。チーズ！　1、2、3。(パッチリ)

友子　　：最高です。この写真は一生の宝物です。

🔹 신출단어

- 六本木ヒルズ 롯본기 힐스 〈지명〉
- 様 씨, 님 〈존경·공손〉
- 町 도시, 마을
- あそこ 저쪽
- 向こう 반대편
- ところ 곳, 장소
- 今から 지금부터
- 冬ソナ 겨울연가
- 涙 눈물
- 座る 앉다
- 撮る (사진)찍다
- 宝 보석

- 大きな 크나큰
- とても 아주
- 大きい 크다
- 建つ 서다
- お台場 오다이바 〈지명〉
- うれしい 기쁘다
- ペ・ヨンジュン 배용준 〈인명〉
- 出る 나오다
- 早い 이르다
- ぱっちり 눈을 크게 뜬 모양

🔵 신출한자

- <ruby>六本木<rt>ろっぽんぎ</rt></ruby> 롯본기 〈지명〉

- <ruby>東京<rt>とうきょう</rt></ruby> 동경 〈지명〉

- <ruby>新宿<rt>しんじゅく</rt></ruby> 신쥬쿠 〈지명〉

- <ruby>原宿<rt>はらじゅく</rt></ruby> 하라쥬쿠 〈지명〉

- <ruby>表参道<rt>おもてさんどう</rt></ruby> 오모테산도 〈지명〉

- <ruby>感激<rt>かんげき</rt></ruby> 감격

- <ruby>最高<rt>さいこう</rt></ruby> 최고

- <ruby>展望台<rt>てんぼうだい</rt></ruby> 전망대

- <ruby>町<rt>まち</rt></ruby> 마을

- <ruby>喫茶店<rt>きっさてん</rt></ruby> 찻집

- <ruby>涙<rt>なみだ</rt></ruby> 눈물

- <ruby>写真<rt>しゃしん</rt></ruby> 사진

- <ruby>一生<rt>いっしょう</rt></ruby> 일생

- <ruby>宝物<rt>たからもの</rt></ruby> 보석

문형연습

1. 「~が 建っているところ」 ~(가) 세워져 있는 곳~

高いビル 大きな展望台 大きなビル	が 建っているところ	です。

2. 「~が 飲んだ 喫茶店~」 ~가(이) 마신 찻집~

ペ・ヨンジュンさん 松任谷由美さん 北野たけしさん	が 飲んだ 喫茶店	です。

3. 「~から、~」 ~(ㄹ)테니까 ~

座ります 立ちます 飲みます	から、	写真を 撮ってください。

문법핵심

1 ~から。~니/~니까/~므로/~때문

■ **원인이나 이유를 나타낸다.**

「ので」에 비해 「~싶다」「~고 여기다」「~하세요」처럼 화자의 주장, 추측, 명령, 요구 의지 등과 같은 주관성이 강한 표현이 이어지는 경우가 많다.

- 暑いから窓をあけてください。 더우니까 창문을 열어 주세요.

- あまりたくさんあるから、どれがいいかわからない。

  너무 많으니까 어느 것이 좋은지 모르겠다.

■ **「~라고 해서」의 의미를 나타낸다.**

- やさしいからと、油断すると間違えます。

  쉽다고 해서 방심하면 틀리게 됩니다.

- あなたがやってくれるからと、安心していたのです。

  당신이 해 준다고 해서 안심하고 있던 것입니다.

■ **「~からといって、~からとて、~からって」형태로 부정과 접속**

- 食べたくないからといって、何も食べなくては体に悪い。

  먹고 싶지 않다고 해서 아무것도 먹지 않아서는 몸에 나쁘다.

- 安いからといって、品物が悪くては困る。

  싸다고 해서 물건이 나빠서는 곤란하다.

■ **결과에 대한 원인이나 이유를 강조**

- 急に寒くなったものですから、風邪をひいてしまいました。

  갑자기 추워졌기 때문에 감기가 들어 버렸습니다.

- 学生であるからには、勉強をまず第一に考えなければならない。

  학생인 이상에는 공부를 우선 제일로 생각하지 않으면 안 된다.

② 〜ところ。 〜곳/〜데/〜점

■ **무엇이 있는 장소나 행하여지는 장소를 나타낸다.**

- 手紙をおいた所を忘れてしまった。 편지 둔 곳을 잊어버렸다.

- これは乾いた所においた方がいい。 이것은 마른 곳에 두는 것이 좋다.

■ **(장소, 물건을 엄격히 한정하지 않고) 근방이나 장소를 나타낸다.**

- 駅の出口の所で待っていてください。

  역의 출구가 있는 데에서 기다려 주세요.

- 答案が書けたら、先生の所まで持ってきてください。

  답안을 다 썼으면 선생님한테 가져 오세요.

■ 살고 있는 장소

- ここにお所とお名前を書いてください。

  여기에 주소와 이름을 적어 주세요.

- 兄の所に泊っています。 형한테서 묵고 있습니다.

■ 부분, 점 (가나로 쓰는 경우가 많다)

- 必要なところに丸をつけてください。 필요한 곳에 동그라미를 쳐 주세요.

- あなたの悪いところはすぐ怒ることです。

  당신의 나쁜 점은 화를 곧잘 내는 부분입니다.

■ 마침 그 때, 경우

- お忙しいところをおいでくださいましてありがとうございます。

  바쁘신 데 와 주셔서 고맙습니다.

- 今のところは心配ないようだ。　현재로서는 염려 없는 듯하다.

---

3 ~동사＋ている。~하고 있다, ~해 있다.

　동사의 진행과 상태표현을 나타내기 위해서는 자동사와 타동사의 구별이 필요하다. 자동사란 사물이 주어로 그 사물의 움직임을 나타내는 동사를 말한다. 이에 반해 타동사란 사람이 주어로 대상이 되는 사물에 작용하는 동작을 나타내는 동사이다. 형태상으로 보면 타동사 앞에는 목적격 조사 「を」가 오고, 자동사 앞에서는 「が」가 온다.

■ 「동사＋ている」: ~하고 있다 〈진행〉

- 佐藤さんはお茶を飲んでいます。 사토오씨는 차를 마시고 있습니다.

- 彼は写真を撮っている。 그는 사진을 찍고 있다.

■ 「동사＋ている」: ~해 있다 〈완료상태〉

- まだテキストを買っていません。 아직 교재를 못 샀습니다.

- まだ試験を受けていません。 아직 시험을 보지 못했습니다.

■ 「동사＋ている」: ~하고 있다 〈신체특징 및 복장착용 상태〉

- 金さんはワイシャツを着ています。 김씨는 와이셔츠를 입고 있습니다.

- 朴さんは青いスーツを着ています。 박씨는 파란 양복을 입고 있습니다.

■ 「자동사＋ている」: ~있다 〈상태〉
단지 보이는 모습을 묘사한 것으로 동작이 행해진 상태에 중점을 두는 표현이며, 의도성이 없는 경우이다.

- ドアを開けたら植木鉢が倒れていた。 문을 열자 화분이 쓰러져 있었다.

- 冷蔵庫にジュースが入っていた。 냉장고에 주스가 들어가 있었다.

■ 「타동사＋てある」: ~져 있다 〈상태〉
「자동사＋ている」가 눈에 보이는 모습을 단지 그대로 묘사한 것이라면, 「타동사＋てある」는 누군가 어떠한 의도나 목적을 가지고 해 놓은 결과가 그렇다는 의미로 현재 이전의 어떤 동작에 비중을 두는 표현이다.

- 壁に絵がかけてあります。 벽에 그림이 걸려 있습니다.

- 花が飾ってあります。 꽃이 장식되어 있습니다.

- 車が駐車場に止めてあります。 자동차가 주차장에 세워져 있습니다.

4 ~ている ところ。~해 있는 곳.

어떠한 상태를 있는 그대로 묘사한 것이며, 동작이 이루어진 상태에 중점을 둔 표현이다.

예

- 彼が立っているところが駐車場です。

  그가 서 있는 곳이 주차장입니다.

- 彼女が勤めているところは、デパートです。

  그녀가 근무하고 있는 곳은 백화점입니다.

- あのビルが建っているところが原宿です。

  저 빌딩이 서 있는 곳이 하라주쿠입니다.

연습문제

1. 다음 그림을 보고 예문과 같이 표현해 봅시다.

> 예
>
> 高<small>たか</small>い　ビル　建<small>た</small>っている　（新宿<small>しんじゅく</small>）
>
> ⇨ 高い　ビルが　建っている　ところは　何ですか。
>
> ⇨ 高い　ビルが　建っている　ところは　新宿です。

① 大<small>おお</small>きい　看板<small>かんばん</small>　建<small>た</small>っている　（デパート）

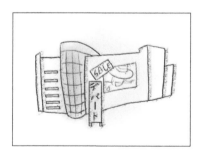

② 小<small>ちい</small>さい　標識<small>ひょうしき</small>　建<small>た</small>っている　（郵便局<small>ゆうびんきょく</small>）

③ 赤い 車 停っている (駐車場)

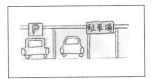

④ 青い 船が 走っている (旅客船 ターミナル)

2. 다음 그림을 보고 예문과 같이 표현해 봅시다.

> 예
>
> うれしい 涙 出てくる
> ⇨ うれしくて 涙が 出てきます。

① 足が痛い 歩けない

② 目が悪い 見えない

③ 宿題が多い　頭が　痛い

④ 体重が重い　走れない

⑤ 寂しい　寝れない

3. 다음 그림을 보고 예문과 같이 표현해 봅시다.

예

　ここに　座る　写真　撮る

　⇨ ここに　座りますから、写真を　撮ってください。

① 忙しい 手伝う

② 雨が降る 傘 買う

③ 暑い ジュース 飲む

④ ひげが長い 剃る

4. 우리말을 일본어로 바꿔 표현해 봅시다.

① 저 높은 건물이 서 있는 곳이 동경탑입니다.

　⇒

② 저는 욘사마의 팬입니다.

　⇒

③ 그 다방에 가보고 싶군요.

   ⇒

④ 슬퍼서 눈물이 나옵니다.

   ⇒

⑤ 이게 그 가수가 앉았던 좌석입니다.

   ⇒

⑥ 여기에 앉을 테니까 빨리 사진을 찍어주세요.

   ⇒

5. 자유스럽게 표현해 봅시다.

① 가고 싶은 관광지에 대해 얘기하기

   ⇒

② 유명한 장소 확인하기

   ⇒

③ 케이팝에 대한 대화

   ⇒

第9課　カラオケ　노래방에서

중요포인트

1. 「～たら、～」〈조건표현〉
2. 「～でも、～」
3. 「～て　いいですか」
4. 「～たいと思います」
5. 「～なら、～」

チョルス ： テストが終わったら、皆でカラオケへ行きませんか。

ヨンヒ　　： いいですね。

　　　　　　私みたいな音痴でも、歌っていいですか。

チョルス ： もちろんいいですよ。

　　　　　　歌は楽しむことが大切ですからね。

（カラオケの店にて）

ヨンヒ　　：友子さんの好きな歌は何ですか。

友子　　　：私は夏川りみの歌が好きです。

　　　　　　「涙そうそう」という歌を歌いたいと思います。

チョルス：私はソニンの歌を歌います。

　　　　　　「合コンの後のファミレスにて」という歌です。

友子　　　：ヨンヒさんは何を歌いますか。

ヨンヒ　　：私はＳＭＡＰの「世界に一つだけの花」

　　　　　　という歌を歌います。でも歌詞を忘れてしまいました。

チョルス：その歌の歌詞なら、よく知っています。

ヨンヒ　　：それでは一緒に歌ってください。

🔷 신출단어

- カラオケ 가라오케
- <ruby>音痴<rt>おんち</rt></ruby> 음치
- <ruby>歌<rt>うた</rt></ruby>う 노래하다
- <ruby>大切<rt>たいせつ</rt></ruby> 귀중, 중요
- <ruby>夏川<rt>なつかわ</rt></ruby>りみ 나츠카와 리미 〈인명〉
- <ruby>合<rt>ごう</rt></ruby>コン 연인 찾기 파티
- ~だけ ~만, ~뿐
- <ruby>忘<rt>わす</rt></ruby>れる 잊다
- <ruby>知<rt>し</rt></ruby>る 알다
- ソニン 일본에서 활약하는 조선인 3세 가수

- テスト 테스트, 시험
- ~みたい (마치) ~같다, ~비슷하다
- <ruby>楽<rt>たの</rt></ruby>しむ 즐기다
- <ruby>店<rt>みせ</rt></ruby> 가게
- そうそう 졸졸, 좔좔 〈의성어〉
- ファミレス 패밀리 레스토랑
- <ruby>歌詞<rt>かし</rt></ruby> 가사
- ~なら ~라면

🔷 신출한자

- <ruby>音痴<rt>おんち</rt></ruby> 음치
- <ruby>世界<rt>せかい</rt></ruby> 세계
- <ruby>歌詞<rt>かし</rt></ruby> 가사

- <ruby>歌<rt>うた</rt></ruby> 노래
- <ruby>花<rt>はな</rt></ruby> 꽃

문형연습

1. 「~たら」 ~(하)면 〈조건표현〉

試験が 終わっ 東京に 着い お腹が 空い	たら、	カラオケへ 行く。 原宿へ 行く。 ご飯を 食べる。

2. 「~でも」 ~라도

音痴 誰 未成年者	でも、	歌っていい。 歌える。 入れる。

3. 「~て いいですか」 ~(해)도 좋습니까?

家へ 帰っ ご飯を 食べ 写真を 撮っ	て いいですか。

4. 「~たいと思います」 ~(하)려고 생각합니다.

研究を　始め
写真を　撮り　　　　たいと思います。
歌を　歌い

5. 「~なら、~」 ~라면,~

あの場所		よく　知っています。
カラオケ	なら、	よく　行っています。
図書館		よく　通っています。

문법핵심

1 ~でも。~일지라도

- **극단적인 예를 들고 다른 것도 그렇다는 것을 유추 〈~일지라도〉**
  - 夏でも山頂には雪がある。 여름이라도 산 정상에는 눈이 있다.
  - 初めての人でもすぐできる。 처음 하는 사람이라도 금방 할 수 있다.

- **「だけ」와 접속하여 희망의 최소한을 나타낸다. 〈~이라도〉**
  - 父だけでも生きていたら、こんなことはなかっただろうに…。
    아버지만이라도 살아계셨다면 이런 일은 없었을 텐데…

- **다른 적당한 것이 있으면 그것으로 좋다는 것을 나타낸다. 〈~이라도〉**
  - お茶でも飲みましょう。 차라도 마십시다.
  - 弁護士にでも相談してみたら、どうですか。
    변호사에게라도 상담해 보는 것이 어떻습니까?

- **불특정물에 접속하여 전면적인 긍정이나 부정을 나타낸다. 〈-든지〉**
  - どこでもかまいません。 어디든지 상관없습니다.
  - 何年でも待ちましょう。 몇 년이라도 기다리겠습니다.
  - 何でも好きなものを食べなさい。 무엇이든 좋아하는 것을 드십시오.

2 ~て(で) いいですか。~해도 좋습니까?

「~て(で) いいですか。(~해도 좋습니까?/ ~해도 됩니까?)」는 상대 방의 허락을 구할 때 사용하는 표현이다. 허락할 때에는「~て も (でも) いいえす。」라고 대답한다.「~(て)ても」는 동사나 형용사의 연용형에 접속하여「~해도, ~여도, ~하더라도」의 의미를 나타낸다. 접속조사, 동사에 붙일 때에는「~テ形」에「も」를 접속시키면 되고, 형용사에 붙일 때에는 부사적 어미「~く」에「~ても」를 접속시킨다.

예

- 買い物に行くつもりですが、いかがですか。
  쇼핑하러 갈 작정입니다만, 어떠신지요?

- それじゃ、私も一緒に行ってもいいですか。
  그럼, 저도 함께 가도 됩니까?

- はい、(行っても)いいですよ。예, 가도 됩니다.

- かまいません。 괜찮습니다.

---

3 ~なら ~라면

■ 상대방의 이야기나 결심을 듣고 그것을 근거로 충고 · 권유를 할때

- 旅行に行くなら、フランスがいいでしょう。
  여행을 갈거라면 프랑스가 좋겠지요.

- もし暇なら、ドライブでもしませんか。

  만약 한가하면, 드라이브라도 안하실래요?

■ 후건의 문장이 시간적으로 전건의 문장을 앞지르는 관계를 나타낼 수
있으며, 후건에 과거형은 오지 않는다.

- この本を読むなら、貸してあげます。

  이 책을 읽을 거라면 빌려주겠습니다.

- 電気製品なら、秋葉原が一番安いです。

  전기제품이라면 아키하바라가 가장 쌉니다.

- ソウルなら、地下鉄でどこでも行けます。

  서울이라면 지하철로 어디든지 갈 수 있습니다.

연습문제

1. 다음 그림을 보고 예문과 같이 표현해 봅시다.

예

<ruby>私<rt>わたし</rt></ruby>　<ruby>音痴<rt>おんち</rt></ruby>　<ruby>歌<rt>うた</rt></ruby>う
　⇨ 私のような　音痴でも　歌って　いいですか。

① <ruby>朴<rt></rt></ruby>さん　<ruby>無口<rt>むくち</rt></ruby>な<ruby>人<rt>ひと</rt></ruby>　<ruby>参加<rt>さんか</rt></ruby>する　② <ruby>彼<rt>かれ</rt></ruby>　<ruby>下手<rt>へた</rt></ruby>な<ruby>人<rt>ひと</rt></ruby>　<ruby>踊<rt>おど</rt></ruby>る

③ <ruby>彼女<rt>かのじょ</rt></ruby>　<ruby>軽<rt>かる</rt></ruby>い<ruby>人<rt>ひと</rt></ruby>　ダイエットをする　④ あなた　<ruby>巨人<rt>きょじん</rt></ruby>　<ruby>乗<rt>の</rt></ruby>る

2. 다음 그림을 보고 예문과 같이 표현해 봅시다.

예

好^すきな 歌^{うた}、演歌^{えんか}
⇨ 好きな 歌は 何ですか
⇨ 演歌が 好きです。

① 嫌^{きら}いな 動物^{どうぶつ}、ヘビ

② 得意^{とくい}な 科目^{かもく}、数学^{すうがく}

③ 好^すきな 果物^{くだもの}、いちご

④ 上手^{じょうず}な 料理^{りょうり}、てんぷら

⑤ 好^すきな 俳優^{はいゆう}、ヨン様^{さま}

⑥ 嫌^{きら}いな スポーツ、 野球^{やきゅう}

3. 다음 그림을 보고 예문과 같이 표현해 봅시다.

> 예
>
> 歌詞^{かし} 忘^{わす}れる
>
> ⇨ 歌詞を 忘れて しまいました。

① ボール 蹴^ける

② 手^て 叩^{たた}く

③ 声 出す

④ 目 つぶる

4. 우리말을 일본어로 바꿔 표현해 봅시다.

① 운동이 끝나면 모두 노래방에 가지 않을래요?

　⇒

② 나 같은 음치도 노래를 불러도 괜찮나요?

　⇒

③ 당신은 무슨 노래를 하겠습니까?

　⇒

④ 아이코씨가 좋아하는 노래는 무엇입니까?

　⇒

⑤ 조용필의 노래를 부르려고 합니다.

⇒

⑥ 그 노래라면 잘 알고 있습니다.

⇒

5. 자유스럽게 표현해 봅시다.

① 노래방에 가자고 권유하기

⇒

② 좋아하는 노래나 가수 묻고 대답하기

⇒

③ 노래방에서의 대화

⇒

第10課 学費もうけ 학비벌기

중요포인트

1. 「～わよ」
2. 「～の」
3. 「～よ」
4. 「～くないじゃない」
5. 「～んだね」

チョルス : 今^{いま}何^{なに}かアルバイトしているの、友子さん。

友子　　 : 喫茶店^{きっさてん}でウェイトレスのバイトをしているわ。

チョルス : 時給^{じきゅう}、いくら。

友子　　 : 時給^{じきゅう}は700円^{えん}よ。安^{やす}いけれど面白^{おもしろ}いわよ。

チョルスさんは何^{なに}かしてるの。

チョルス：僕は家庭教師のバイトをしているよ。

　　　　　高校生に英語を教えているんだ。

友子　　：給料はいくらなの。

チョルス：週１回90分で、月２万円だよ。

友子　　：悪くないじゃない。

チョルス：まあね。ヨンヒさんはバイトしてるの。

ヨンヒ　：してるわよ。マックでハンバーガーを売ってるの。

　　　　　結構いいバイトよ。

チョルス：儲けたお金は何に使うの。

ヨンヒ　：学費よ。ちゃんと自分で、学費を払ってるんだから。

チョルス：チョー偉いんだね。がんばってね。

🔷 신출단어

- アルバイト 아르바이트
- ウェイトレス 웨이트레스
- ~わ ~요
- ~よ ~요
- ~けれど ~이지만
- ~の ~의
- ~回 ~회
- まあね 그럭저럭이요
- ハンバーガー 햄버거
- いい 좋다
- お金 돈
- ちゃんと 착실하게
- チョー(超) 매우(たいへん)

- 今 지금
- バイト 아르바이트
- いくら 얼마
- 安い 싸다
- 面白い 재미있다
- 教える 가르치다
- 悪い 나쁘다
- マクド 맥도널드(關西지방)
- 売る 팔다
- 儲ける 모으다, 벌다
- 使う 사용하다
- 払う 지불하다
- 偉い 대단하다

신출한자

- 時給 시간당 급료
- 家庭教師 가정교사
- 英語 영어
- 週 주
- 結構 제법, 상당히, 꽤
- 学費 학비

- 僕 나
- 高校生 고등학생
- 給料 급료
- 月 달, 월
- 自分 자신

문형연습

1. 「~わよ」 ~(해)요. 〈여성어〉

バイトは　面白い	
仕事は　楽しい	わよ。
キムチは　美味しい	

2. 「~の」 ~(하)니？ 〈물음〉

とても　おいしい	
本当に　楽しい	の。
そんなに　暑い	

3. 「~よ」 ~(해)요, ~에요. 〈주장〉

家賃は　月2万円だ	
安いけれど　面白い	よ。
ぼくは　知らない	

4. 「~くないじゃない」 ~(하지) 않지 않느냐.

思ったより　美味し

そんなに　悪

それほど　寒

くないじゃない。

5. 「~んだね」 ~요, ~군요.

彼女は　チョー偉い

彼は　冷たい

今日は　寒い

んだね。

문법핵심

1 ~わよ。 ~(해)요.

상대방에게 일러주는 기분으로 자기의 생각을 강조할 때 사용하기도 하고, 말의 억양을 부드럽게 하여 여성스러움을 나타내는 표현이기도 하다.

예

- きょうはあなたのおかけで、本当に楽しかったわよ。
  오늘은 당신 덕분에 정말 즐거웠어요.
- あしたは休みだって、先生がおっしゃったわよ。
  내일은 쉰다고 선생님이 말씀하셨다고요.

2 ~の。 ~니, ~지?

문장의 끝부분을 높여서 발음하여 질문의 뜻을 나타낸다.

예

- 夏休みはいつから始まりますの(↗)。 여름휴가는 언제부터 시작되지요?
- 何かあったんですの(↗)。 무슨 일이 있었던 것이지요?

3 ~よ。~(해)요.

서술·명령·의뢰·권유·의문 등의 말에 붙여서 가벼운 감동이나 자기의 주장 또는 다짐을 나타낸다.

> 예
>
> - なぜ、ぼくに教えてくれなかったんだよ。 왜 나에게 가르쳐 주지 않았었지.
> - この話、ほかの人にしては駄目よ。 이 얘기, 다른 사람한테 하면 안 돼요.

4 ~ね。~(군)요.

감동이나 감탄을 가볍게 나타내며, 상대방의 동의를 구하여 확인이나 다짐하는 기분을 나타낸다. 또한 의문을 표현하기도 하는데, 이런 경우에는 주로 남성이 사용한다.

> 예
>
> - やあ、ずいぶんきれいな部屋だね。 야, 굉장히 깨끗한 방이로군.
> - あしたは必ずいらっしゃいね。お待ちしてますから。
>   내일은 꼭 오세요. 기다리고 있을 테니까.
> - ぼくの言うことがわからないかねえ。 내가 하는 말을 알아듣지 못하나?

연습문제

1. 다음 그림을 보고 예문과 같이 표현해 봅시다.

> 예
>
> 喫茶店　ウェイトレス
>
> ⇨ 今　何か　アルバイトを　しているの。
>
> ⇨ 喫茶店で　ウェイトレスの　バイトを　しているよ。

① 学生の家　家庭教師

② 塾で　英語講師

③ クリーニング屋　洗濯

④ 駐車場　駐車

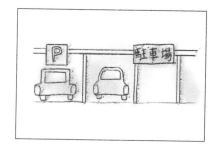

2. 다음 그림을 보고 예문과 같이 표현해 봅시다.

예

時給（じきゅう）、700円（ななひゃくえん）

⇨ 時給　いくら。

⇨ 時給は　700円よ。

① 入場券（にゅうじょうけん）、1,800円（せんはっぴゃくえん）

② 食事代（しょくじだい）、2,000円（にせんえん）

③ 家賃（やちん）、150,000円（じゅうごまんえん）

④ 宿泊料（しゅくはくりょう）　7,500円（ななせんごひゃくえん）

⑤ 洋服の値段、25,000円

⑥ 切符、370円

3. 다음 그림을 보고 예문과 같이 표현해 봅시다.

예

儲けた お金、 学費

⇨ 儲けた お金は 何に 使うの。

⇨ 学費よ

① 作った 工作 学習用

② 撮った 写真 パスポート

③ 書いた　文章　寄稿

④ 描いた　絵　展示用

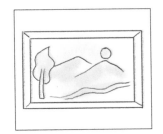

4. 우리말을 일본어로 바꿔 표현해 봅시다.

① 뭔가 아르바이트를 하고 있니?

⇒

② 찻집에서 웨이트레스를 하고 있어.

⇒

③ 시간 급료는 얼마인가요?

⇒

④ 고등학생에게 수학을 가르치고 있어요.

⇒

⑤ 주 1회 2시간인데, 월 3만엔이야.

⇒

⑥ 스스로 학비를 벌고 있으니까.

⇒

5. 자유스럽게 표현해 봅시다.

① 아르바이트 종류 확인하기
  ⇒

② 급료나 분위기 묻고 대답하기
  ⇒

③ 좋아하는 일에 대한 대화
  ⇒

부록

🔹 조사 일람표

구분	조사	용 례	용 법
격 조 사	が	雨が降っている。	주어
	の	彼の書いた本です。 これは私のノートだ。 赤いのが好きだ。 私の友達の田中です。	주어 연체수식어 체언대용 동격
	を	パンを食べる。 8時に駅を出る。 飛行機は光州上空を飛んでいる。 前を向いて進んでいく。	동작대상 동작기점 이동장소 방향
	に	ソウルに住んでいる。 10時に休む。 彼は成長して文学者になった。 テニスに行く。 あなたに愛の告白をします。 苦痛に耐えられない。 母にいろいろ言われた。 彼女に比べると私の方が増しだ。 りんごになしがある。	장소 시간 결과 목적 목표·대상 원인·이유 수동·사역 비교 병렬
	へ	日本へ留学に行く。 いよいよ大阪へ着いた。 あなたへのプレゼントを用意したい。	동작방향 동작귀착 상대·목표
	と	友達と映画を見る。 明子さんと結婚したい。 問題となる可能性がある。 先生の意見とはちょっと違う。 彼も行くと言った。 男と女の物語がある。	공동 동작대상 결과 비교기준 인용 열거

구분	조사	용 례	용 법
격조사	から	釜山駅から出発する。 修業は9時から始まる。 子供から大人まで全部集まった。 学生番号を1番から数えて下さい。 紙は木から作る。 不注意から事故が起こる。	기점 시간 범위 순서 재료 원인·이유
	より	数学より英語のほうが好きだ。 お金を払うより方法がない。 東京より出発する。	비교기준 한정 기점
	で	家で研究する。 電車で行きます。 これは木で作った机です。 病気で学校を休んだ。 一日に3ページの割合で書いていく。 学校で学則を発表した。 その作業は一人で充分にできます。	장소 수단 재료 원인·이유 기준·수량 주체 상태·조건
	や	本や雑誌を読む。	병렬
부조사	まで	京都まで行く。 そこまで考えるのですか。 試してみたまでです。 親友にまで裏切られた。	한계 정도 한도 극단
	ばかり	3年ばかり待たなければならない。 研究ばかりしている。 これは読んだばかりの新聞です。	수량·시간 한정 현재완료
	だけ	パンだけ食べる。 あれだけできるのか。	한정 정도
	ほど	10日ほど休んだ。 耳が痛いほど聞いた。	수량정도 상태정도

구분	조사	용례	용법
부조사	くらい	5分ぐらいかかる。 あなたぐらい日本語ができる人はいない。 このような仕事をするくらいなら、死んだほうがいい。	수량정도 비교기준 상태정도
	など	雑誌や新聞などに載る。 私などは分かりません。 雪など降りません。	예시 경멸 부정강조
	なり	やるなりやめるなりはっきりしろ。 雑誌を読むなりして待っていましょう。	병렬선택 예시
	やら	何のことやらわけが分からない。 自動車やらコンピューターやらほしいものがたくさんある。	불확실 열거
계조사	か	だれか見えました。 フランスかドイツへ行くつもりです。 運動をしなかったせいか、身体の調子がよくない。	불확실 선택 추정
	さえ	はたしてお金さえあれば、何でもできるのか。 自分の名前さえ書けない。 雪だけではなく、雨さえ降りだした。	한정·조건 유추 첨가
	も	私も英語ができません。 野も山も花でいっぱいだ。 宿題をするのに一週間もかかった。 猿も木から落ちる。 だれもが彼の潔白を信じていた。	동일사항예시 나열 감동·강조 극단 전면긍정
	こそ	こちらこそどうぞよろしく。 愛すればこそ結婚できたのです。	강조 원인·이유
	でも	子供でも知っている。 お茶でも飲みましょう。 何でも好きです。	극단적 예 적당 전면긍정· 부정
	しか	そうするしか方法がない。	한정

구분	조사	용 례	용 법
접속조사	ば	明日晴れれば遠足にいく。 日が照れば雪がとける。 日本語もできれば、ドイツ語もできる。	가정조건 당연결과 열거
	と	3時になると彼が帰ってくるよ。 冬になると寒くなる。 外へ出て見ると雨だった。 どうしようとかまわない。	가정조건 당연결과 확정조건・ 동시동작 역접가정조건
	から	よく分からないから聞いてみよう。 どう言われても、私には関係ないから。	원인・이유 (주관적) 결심・결의 (문말)
	ので	風が強いので火が広がった。	원인・이유 (객관적)
	のに	熱があるのに外出する。 お金を稼げばいいのに。	역접확정조건 불만・원망 (문말)
	ても (でも)	失敗してもあきらめてはいけない。 いくら読んでも理解することができなかった。	역접가정조건 역접확정조건
	けれども	熱心に勉強しているけれども、成績は上らない。 彼女は顔も美しいけれども、心も奇麗だよ。 話があるけれども、言ってもいいでしょうか。	역접확정조건 대비 단순접속
	が	値段は安いが、品はよくない。 英語も難しいが、日本語も難しい。 これは本ですが、読んでもらえますか。 生きようが生きまいがどうでもいい。	역접확정조건 대비 단순접속 병렬

구분	조사	용례	용법
접속조사	し	雨も降るし、風も吹く。 パンは食べたいし、金はないし、どうしよう。 時間もないし、会議にはちょっと出れない。	공존열거 상반열거 원인·이유
	て(で)	朝起きてすぐ食事をします。 暖かくて気持がよい。 バスに乗って学校へ行く。 万年筆を持っていますか。 ここは安くておいしい店です。 聞いて知らないふりをする。	연속동작 원인·이유 방법·수단 보조동사연결 병행·대비 역접
	なり	人を見るなり逃げ出した。 本を買ったなりまだ読んでいない。	동시동작 상태지속
	ながら	彼は生まれながらの作家です。 娘は2人ながら結婚した。 テレビ見ながら音楽を聞く。 ほしいながら断わる。	상태지속 전부 계속적동작 역접
	ところが	もう一度挑戦してみたところが失敗した。	역접
	どころか	病気どころか元気です。	반대사실
	ものの	そう言っておいたものの、まだ決心していない。	역접
	つつ	メモしつつ語る。 悪いと知りつつうそをつく。	동시동작 역접
종조사	か	あなたは学生ですか。 そんなことが起こるのか。 そろそろ行きましょうか。 ほんとうに代表選手として選ばれたのか。	의문·질문 반어 권유·의뢰 감동

구분	조사	용례	용법
종조사	な	すばらしいな。 そこには行くな。 先生になりたいな。 今日は雪が降りますな。 早く帰りな。 こちらの方がいいと思うな。 韓国はな、活気あふれるからな。	감동 금지 희망 동의 명령 단정 여운
	や	もう休もうや。 これはすばらしいや。 明子や、早くきてよ。	권유 감동・영탄 호칭
	よ	変な人だよ。 早く買ってよ。 選挙に出たいよ。 何を言っているのよ。	감동・영탄 명령・의뢰 주장 힐난
	ぞ	ほら、これはすごいぞ。	주장・강조
	ぜ	さ、行こうぜ。	주장・주의 환기
	とも	もちろん、日本へいきますとも。	당연강조
	の	何をやっているの。 早く幼稚園へ行くのよ。 これはものすごくいいの。	질문 명영 단정
	わ	私にはできませんわ。 音楽を聞くのは楽しいわ。	주장 감동・영탄
	ね	あの山は高いね。 明日の会議は10時だね。 彼は帰ってきますかね。 これは私の鉛筆だね。	감동・영탄 주장 의문 동의
	さ	どうすればいいのさ。 これがさ、ぼくの車さ。	의문 단정・강조
	こと	おや、花がきれいに咲いたこと。 とてもよかったことよ。 これですべてが済んだこと。	감동・영탄 단정 질문・동의

저자약력

김정훈
조선대학교 인문대학 국어국문학과(문학사)
일본 간세이가쿠인대학 대학원 일본문학 전공(문학석사)
일본 간세이가쿠인대학 대학원 일본문학 전공(문학박사)
전남대학교 강사 역임
전남과학대학교 일본문화연구소 소장 역임
현) 일본 주오대학 정책문화종합연구소 객원연구원
　　전남과학대학교 교수

〈저서〉
새일본어(광일문화사, 공저)
일본어 문자 쉽게 배우기(백산출판사)
새로 쓴 일본어한자독본(백산출판사)
자신만만 관광, 여행일본어(학사원)
한국어 리스닝(日本: 三修社, 공저)
열도기행일본어－김씨 일가의 일본열도기행(학사원, 공저)
생생체험 일본어회화(백산출판사, 공저) 등

저자와의
합의하에
인지첩부
생략

취업일본어

2018년 8월 20일 초판 1쇄 인쇄
2018년 8월 25일 초판 1쇄 발행

지은이 김정훈
펴낸이 진욱상
펴낸곳 백산출판사
교 정 편집부
본문디자인 오행복
표지디자인 오정은

등 록 1974년 1월 9일 제406-1974-000001호
주 소 경기도 파주시 회동길 370(백산빌딩 3층)
전 화 02-914-1621(代)
팩 스 031-955-9911
이메일 edit@ibaeksan.kr
홈페이지 www.ibaeksan.kr

ISBN 979-11-5763-993-9 93730
값 15,000원